Peter Schmidt

EQ-Training

Selbstverwirklichende Menschen,
Menschen also, die einen hohen Grad
der Reife, Gesundheit und Selbsterfüllung
erreicht haben, können uns so viel lehren,
daß sie manchmal fast wie eine andere Rasse
menschlicher Wesen erscheinen.

Abraham H. Maslow

Peter Schmidt

EQ-Training

Die Praxis der Emotionalen Intelligenz

Langen Müller

Gedruckt auf chlorfrei gebleichtem Papier

Umschlag: Wolfgang Heinzel
Satz: Filmsatz Schröter, München
Gesetzt aus 11/14 Optima auf Macintosh in QuarkXPress
Druck: Jos. C. Huber KG, Dießen
Binden: R. Oldenbourg, München
Printed in Germany
ISBN 3-7844-2752-9

Inhalt

Zielsetzung

In dieser Einführung stelle ich Ihnen einen einfachen Weg mentaler Beeinflussung vor, der Ihr Leben völlig verändern wird – und zwar *positiv* verändern. Sie werden weniger leiden. Und das nicht auf Kosten anderer. Sie werden Ihre Probleme besser bewältigen. Sie werden mehr vom Leben verstehen und glücklicher und weniger leicht aus der Bahn zu werfen sein. Sie werden sich schneller von Krisen erholen. Sie werden sich ständig vervollkommnen. Sie werden für Ihre Mitmenschen ein angenehmer Zeitgenosse sein. Sie werden weniger leicht krank werden.

Das ist ein sehr hohes Versprechen, und ich gebe es im vollen Bewußtsein dieses hohen Anspruchs ab. Ich gebe Ihnen die Garantie, daß alles, was Sie bisher über positive Bewußtseinsveränderung gehört haben, nicht im entferntesten gleich effektiv sein kann. Der Grund liegt vor allem darin, daß andere Methoden nur unvollständig die Hauptprinzipien des Lebens berücksichtigen. Sobald Sie diese Prinzipien kennen, werden Sie einsehen, daß sie auch nicht mehr leisten konnten, als sie tatsächlich leisten.

»EQ-Training«, nach dem inzwischen gebräuchlichen Kürzel »EQ« für »Emotional Quality« (daraus dann ableitet: »Emotionale Intelligenz«, bzw. auch »Emotionaler Intelligenzquotient«), eignet sich nicht nur für Menschen, die krank oder in Schwierigkeiten sind, sondern greift ge-

wissermaßen in die Grundstrukturen des menschlichen Existierens ein, da, wo wir alle Probleme haben, weil das Leben in der Regel problematisch ist.[1]
Die Bezeichnung »EQ-Training« wurde gewählt, weil Gefühle im Mittelpunkt unserer Übungen stehen.
Der Weg, den ich Ihnen vorstelle, um weniger zu leiden und glücklicher, produktiver und gesünder zu sein, ist zudem äußerst einfach. Das Verfahren beruht auf einigen wenigen Grundstrukturen der Psyche, die offensichtlich für alle Menschen gleich sind. Lassen Sie sich nicht davon täuschen, daß er trotzdem eine gewisse Anzahl von Seiten erfordert. Der größte Teil dieses Buches dient lediglich dazu, eingefleischte Gewohnheiten und Mißverständnisse auszuräumen. Es kostet Sie nur ein paar Minuten Zeit und Aufmerksamkeit, wenn Sie erst einmal verstanden haben, worum es geht.
Sie brauchen dazu weder religiöse noch andere, etwa »esoterische« Überzeugungen. Wenn Sie an Gott glauben, spricht nichts dagegen, das auch weiterhin zu tun. EQ-Training widerspricht dem Glauben weder, noch setzt es ihn voraus. Es handelt sich um eine äußert undogmatische, unspekulative Methode, die eigenen mentalen Bedingungen nachhaltig so zu verändern, daß Ihr persönliches Leben und das Ihrer Mitmenschen erfolgreicher ist und weniger durch Leiden gestört wird.
Was ich Ihnen vermitteln möchte, ist von *äußerstem praktischen Nutzen*. Es verändert Sie radikal und augenblicklich in positivem Sinne.

- *Es handelt sich gewissermaßen um eine Quintessenz unserer emotionalen Intelligenz.*[2]

Juni 1999 *Peter Schmidt*

1 EQ-Training

Mit dem EQ-Training liegt ein neu konzipiertes mentales Verfahren zur Verbesserung der körperlichen und seelischen Gesundheit und zur Entfaltung und Selbstverwirklichung vor.

In den letzten Jahren hat sich in der Therapie weitgehend die Auffassung durchgesetzt, daß es vor allem die Verhaltenstherapie und die sogenannte Kognitive Therapie sind, die wirksam mentale Probleme beheben können.

- Verhaltenstherapie ist in der Lage, emotionale Fehleinstellungen wie zum Beispiel Phobien und Ängstlichkeit zu korrigieren.
- Die Kognitive Therapie vermag dagegen Probleme und Gewohnheiten zu beseitigen, die auf falschen oder schädlichen Ansichten und auf unbewußten Schlüssen oder unklaren Meinungen beruhen.

EQ-Training macht sich diese Einsichten zunutze und schafft im emotionalen und kognitiven Bereich

1. durch Techniken des Bewußtmachens, des Zulassens und Umlernens unerwünschter Emotionen mit den Methoden des Desensibilisierungstrainings,
2. durch Analyse unserer Werterfahrungen und Ausrichtung auf positives Verhalten, die durch gezielte Formelbildungen unterstützt werden,

ein bisher nicht erreichbares Maß an Entspannung, Erholung, Entwicklung und Verminderung von Leiden.

EQ-Training setzt dazu sowohl aus dem Osten bewährte

meditative Techniken wie auch Methoden aus der modernen Verhaltenstherapie und der neuen Psychologie der »Emotionalen Intelligenz« ein (D. Goleman).
Aus über 500 wissenschaftlichen Untersuchungen in aller Welt ist inzwischen bekannt, daß bestimmte Formen der Mantrameditation günstigen Einfluß auf die körperliche und seelische Gesundheit haben. Selbst die Stiftung Warentest empfiehlt Mantrameditation zur Vorbeugung (»Handbuch Herz und Kreislauf«, Berlin 1996). Mantrameditation war jedoch bisher weitgehend weltanschaulich und religiös gebunden (z. B. Yoga, Transzendentale Meditation). EQ-Training definiert diese Technik neu, reduziert sie auf ihren psychologisch wirksamen Kern und setzt sie als Basistechnik weltanschaulich neutral ein.
Damit ist ein Verfahren der Entspannung und inneren Zentrierung gewonnen, das der Wirksamkeit solcher Entspannungstechniken wie Autogenes Training oder Progressive Muskelentspannung deutlich überlegen ist.

- Mantrameditation nach Art des EQ-Trainings ist leichter zu erlernen als vergleichbare Techniken, denn es erfordert keine starke Konzentration oder lange Übung.
- Besonders wirksam wird diese Basistechnik, weil EQ-Training im Sinne der Verhaltenstherapie und durch Weiterführung der neuen Psychologie der Emotionalen Intelligenz klärt, was unter existentiell so wichtigen Begriffen wie Gefühl, Werterfahrung und Sinn zu verstehen ist.

Anders als etwa die Existenzanalyse V. E. Frankls lenkt EQ-Training die Aufmerksamkeit jedoch nicht auf »absolute und allgemeingültige Werte« innerhalb einer rigiden Wertordnung, sondern operiert mit unseren Wertgefühlen, den Gefühlen und Emotionen, die sich in unseren Werterfahrungen zeigen.
Eine präzisere Definition des Begriffs »Gefühl« ermöglicht es innerhalb dieses Trainings der emotionalen Intelligenz,

gezielter mit negativen Gefühlen umzugehen und sich in Richtung auf die Entwicklung positiven Fühlens zu orientieren. Gefühl – als *Angenehm-* oder *Unangenehmsein,* das alle anderen Erfahrungen begleiten kann – wird als mentales Hauptprinzip erkannt und ist nicht mehr wie in anderen mentalen Techniken bloße Randerscheinung.

Fühlen wird jedoch nicht isoliert oder »hedonistisch« verstanden, sondern es werden die vielfältigen gefühlsmäßigen Beziehungen innerhalb des emotionalen Systems verständlicher gemacht, in denen sich der einzelne mit der Gesellschaft befindet.

Anders als beim oft wirkungslosen sogenannten »positiven Denken«, das meist an der Oberfläche des Bewußtseins bleibt, macht sich EQ-Training einen bereits aus anderen Meditationstechniken und dem Autogenen Training bekannten Effekt zunutze: daß eine neue positive innere Ausrichtung auf einem Bewußtseinsniveau innerer Zentriertheit, Stille und Wachheit am effektivsten ist.

EQ-Training als mentaler Ratgeber geht daher weit über oft esoterische oder nur begrenzt wirksame Methoden wie etwa Transzendentale Meditation oder Autogenes Training hinaus, weil es gezielter als andere Techniken psychische Grundstrukturen wie *Bewerten* und *Werterfahrungen* anspricht und den bewußten Umgang mit ihnen ermöglicht.

2 Was ist »Emotionale Intelligenz«?

Emotionale Intelligenz: Das ist die Fähigkeit, unsere eigenen Gefühle und die anderer zu erkennen, uns selbst zu motivieren und gut mit Emotionen in uns selbst und in unseren Beziehungen umzugehen.«[3]

Nicht nur der Intelligenzquotient stellt einen wichtigen Faktor dar, wenn wir unser Leben erfolgreich bewältigen wollen, sondern der Umgang mit unseren Gefühlen kann einen möglicherweise noch höheren Stellenwert beanspruchen: Das ist die Quintessenz des neuen Trends in der Psychologie, den Daniel Goleman mit seinem Buch »Emotionale Intelligenz«[4] eingeleitet hat.

Menschen, denen man eine hohe emotionale Intelligenz zuspricht, sind erfolgreicher, gesünder, glücklicher.

Golemans Arbeit offenbart jedoch auch eine gewisse Hilflosigkeit, den zunächst noch mehr oder weniger intuitiven Begriff der emotionalen Intelligenz so weit zu präzisieren, daß sich aus ihm praktische Folgerungen und Anleitungen für unser Handeln ableiten lassen. Physiologische oder statistische Fakten führen hinsichtlich unserer Gefühle nicht weit genug. Begriffe wie »Impulskontrolle« oder »Achtsamkeit auf Gefühle und Emotionen«, »Emotionales Umlernen«, »Umerziehung des emotionalen Gehirns« (in: »Emotionale Intelligenz«) oder »Selbstwahrnehmung«, »Selbstregulierung«, »Motivation«, »Empathie«, und »Soziale Fähigkeiten« (in: »EQ 2. Der Erfolgsquotient«) stellen zwar eine wichtige Basisarbeit für die

Hypothese von der Existenz und Bedeutung unserer emotionalen Intelligenz dar, gaben jedoch wenig Anleitung zur konkreten Veränderung der Gefühle ab.
Was bedeutet »emotional«? Was sind Gefühle und Emotionen? Golemans Bestimmung des Gefühls und seiner Funktionen im Leben ist, bei allen unleugbaren Verdiensten, wenig aufschlußreich.
»EQ-Training« versucht diesem Mangel abzuhelfen.
• Ein klareres Verständnis der Rolle unserer Gefühle erhöht die emotionale Intelligenz.
• Seine emotionale Intelligenz zu entwickeln, heißt aber nicht nur, zu verstehen, was Gefühle sind, sondern durch den verfeinerten und systematisierten Umgang mit ihnen positive Entwicklungen und Veränderungen zu *setzen*.
Emotionale Intelligenz läßt sich offensichtlich steigern, wenn wir uns über den genauen Stellenwert der Gefühle im Leben klarwerden und spezielle Umgangsformen mit ihnen erlernen.
Als wichtigstes Ergebnis zeigt sich dabei, daß den Gefühlen keine sekundäre, sondern eine *primäre* Rolle zukommt. Eine Art »naturalistisches Mißverständnis«, dem wir als Menschen offenbar nicht nur gesellschaftlich, sondern bereits von Natur ausgesetzt sind, läßt uns immer wieder die entscheidende Rolle der Gefühle für unsere Wert- und Sinnerfahrungen unterschätzen.
Gefühle – genauer: ihr Angenehmsein und Unangenehmsein – begründen alle Werterfahrungen. Ohne Gefühle keine Werte. Emotionale Intelligenz bedeutet daher, für sich selbst und den anderen ein Höchstmaß an emotionaler Erfüllung und Freiheit von Leiden zu schaffen. EQ-Training vermittelt dazu das praktische und theoretische Rüstzeug.

3 Innere Veränderung ohne ärztliche Therapie oder Guru?

Die bereits erwähnten Erfolge der Verhaltenstherapie und der Kognitiven Therapie legen den Wunsch nahe, gleiche oder ähnliche psychische Methoden auch in der Selbsttherapie, ja, wenn möglich auch bei der *eigenen Entwicklung und Entfaltung* zu mehr Erfolg, mehr Kreativität und Gesundheit einzusetzen.
Bisher bedurfte es bei der Anwendung solcher Methoden erfahrener Therapeuten. Der Grund lag einerseits in den Gefahren, denen sich der Laie nicht selten durch mentale Selbstbeeinflussung aussetzt. Andererseits fehlte es an der Entwicklung einfacher Methoden, wie sie etwa im Autogenen Training oder in der Progressiven Muskelentspannung für das Entspannungstraining bereits vorliegen.
Die Arbeiten des amerikanischen Psychologen Daniel Goleman über emotionale Intelligenz führten zwar zu einem verstärkten Nachdenken über die Rolle unserer Gefühle. Golemans Bücher »Emotionale Intelligenz« und »EQ 2. Der Erfolgsquotient« entwickeln jedoch wie gesagt lediglich die Anfänge einer systematischen Übung und Bewußtmachung von Gefühlen. Bis auf wenige Ansätze fehlt in ihnen fast völlig die eigentliche »Logik der Gefühle«, d. h. ein genaueres Verständnis, *welche Funktionen* Gefühle in unserem Leben haben.
Mit dem EQ-Training wird erstmals eine Methode verfügbar, die Golemans Arbeit weiterführt und einerseits auf den erfolgreichen Grundeinsichten der Verhaltensthera-

pie und der Kognitiven Therapie beruht, aber auch auf jahrhundertealte bewährte mentale Techniken aus dem östlichen Denken zurückgreift. Allerdings werden solche traditionellen Techniken hier mit den Begriffen der rationalen westlichen Psychologie durchleuchtet und präzisiert. Dies gilt vor allem auch für die Begriffe Wert, Sinn und Gefühl.

• EQ-Training nutzt zur mentalen Veränderung Positivität (das Angenehmsein) und Negativität (das Unangenehmsein) der Gefühle.

EQ-Training geht dabei weit über bloßes Entspannungstraining hinaus und ermöglicht eine allgemeine positive mentale Veränderung, ohne dazu auf mystische, religiöse oder esoterische Vorstellungen zurückzugreifen.

• EQ-Training ist wie das Autogene Training auch ohne Lehrer einsetzbar, von besonders labilen und gefährdeten Personen einmal abgesehen – vorausgesetzt, es werden die Übungsregeln eingehalten und das Prinzip ist soweit verinnerlicht worden, daß der Übende mit negativen Emotionen und Gedanken umgehen kann, wie sie bei jeder mentalen Technik auftreten.

Gerade der Umgang mit solchen Gefühlen aber ist es, der im EQ-Training trainiert wird.

4 Der Wirkungsmechanismus des EQ-Trainings

Die Wirksamkeit des EQ-Trainings beruht auf einigen wenigen fundamentalen Grunderkenntnissen, deren Umsetzung in einfachen Übungen Ihnen schnellen und sichtbaren Erfolg garantiert.

EQ-Training geht von der Entdeckung aus, daß alle Menschen von demselben mentalen Hauptprinzip gesteuert werden:

- Unsere Erfahrung der Wirklichkeit ist zutiefst werthaft.
- Werterfahrung beruht im wesentlichen auf positiven und negativen Gefühlen.
- Mentale Probleme zeigen sich einerseits auf der Gefühls- und andererseits auf der Gedankenebene.
- Mentale Probleme sind immer Probleme im Bereich der Wert- und Unwerterfahrungen und der Werturteile.
- Werden solche – zum Teil sehr subtilen – Gefühle und Gedanken mit entsprechenden Techniken bewußt gemacht, dann lassen sie sich positiv beeinflussen.

Um auf jene Ebenen des Bewußtseins zu gelangen, in denen Veränderungen ohne Suggestion oder Einbildung (Placeboeffekt) wirken können, bedarf es jedoch spezieller Voraussetzungen. Es muß zunächst einmal ein Zustand relativer Ruhe und Entspannung und müheloser Zentrierung auf die eigene Mitte erreicht werden. Im Autogenen Training werden solche Bewußtseinsverfassungen als »Umschaltung« bezeichnet. Im Zen spricht

man – allerdings ein wenig irreführend – von »Gedankenleere«.
Nicht wenige Menschen bezeichnen sich jedoch eher als »nervös«. Der Blick nach innen auf Gefühle und Gedanken verursacht ihnen oft Angst und Unbehagen. Die Aufmerksamkeit ist nicht in der Lage, längere Zeit bei einem Gegenstand zu verweilen. Das ruhevolle, wache Selbstbewußtsein, das jeder zumindest aus gelegentlichen positiven Lebensphasen kennt, wird überschattet von ablenkenden Gedanken und Emotionen.
Bekannte Techniken, um mehr innere Ruhe zu erreichen, sind das Autogene Training, die Progressive Muskelentspannung, aber auch viele Meditationstechniken östlicher Prägung wie z. B. Meditation auf den Atem, Zen oder Transzendentale Meditation.
Von solchen Techniken wissenschaftlich am besten untersucht sind das Autogene Training und die Transzendentale Meditation (TM). Für beide Methoden liegt eine solche Fülle von Untersuchungen über positive seelische, geistige und körperliche Effekte vor, daß an ihrem Wert kaum noch zu zweifeln ist.
Konzentrative Verfahren wie das Autogene Training führen jedoch besonders in der Anfangsphase bei vielen Übenden leicht zu (oft unbewußten) Muskelanspannungen und unangenehmen Körpergefühlen der Anstrengung und Erschöpfung oder zu anderen negativen Wahrnehmungen.
• Eine der Schwierigkeiten, das Autogene Training zu erlernen, beruht darauf, daß Menschen, die nervös sind und an Konzentrationsschwierigkeiten leiden, konzentrativ gegen ihre Nervosität ankämpfen sollen, um Techniken wie Armschwere und Körperwärme zu üben.
Das mindert den Wert solcher Methoden zwar nicht grundsätzlich – Autogenes Training gehört sicher zu den

erfolgreichsten Entspannungsübungen -, doch die Belastung, die in der Erfahrung negativer Gefühle liegt, wird auf diese Weise zunächst einmal noch erhöht, ehe dann mit den Übungen Linderung eintritt. Um die Spannung der konzentrativen Hinwendung zu mindern, reicht es manchmal auch nicht aus, durch begleitende Formeln – wie etwa auf den Atem: »Es atmet mich« – der Anspannung entgegenzuarbeiten. So erklärt selbst I. H. Schultz, der Begründer des Autogenen Trainings, daß es sehr nervösen Menschen unter Umständen unmöglich ist, die Technik zu erlernen.

In der klassischen Form der Mantrameditation, wie sie unter anderem im Yoga und in der Transzendentalen Meditation praktiziert wird, muß zwischen *konzentrativen* und *nicht-konzentrativen* Methoden unterschieden werden. (Was unter »nicht-konzentrativ« zu verstehen ist, wird weiter unten erläutert.) Die Aufmerksamkeit wendet sich in der Mantrameditation eine Zeitlang wiederholt einem Mantra zu – das ist ein Wortklang ohne Bedeutung –, und dieses Verfahren führt in der Regel zu tiefer Entspannung, zu innerer Zentriertheit der Aufmerksamkeit und Beruhigung der Gedanken und Gefühle.

Wer von der Anwendung eines Mantras zur Gesundung und persönlichen Entwicklung hört, wird leicht dem naheliegenden Vorurteil erliegen, hierbei handele es sich um irgendeine Art von esoterischem Humbug, um Einbildung oder religiöse, wenn nicht sogar okkulte Praktiken, die womöglich in die seelische Abhängigkeit zu einem Guru führen.

• Mantras können jedoch völlig neutral eingesetzt werden. Dann wirken sie rein *mechanisch* auf der psychologischen und physiologischen – und eben nicht auf der weltanschaulichen oder suggestiven – Ebene durch die bloße Anwendung ihrer Regeln.

Transzendentale Meditation kann als ein Prototyp der nicht-konzentrativen Mantrameditation angesehen werden. Ihre vielfältigen gesundheitlichen Wirkungen sind inzwischen weitgehend anerkannt.
Doch wird diese Art der Meditation innerhalb eines religiösen Systems gelehrt, das aus der sogenannten vedischen Tradition Indiens stammt. Ein großer Teil des gedanklichen Hintergrundes, soweit es sich nicht um neuere Interpretationen des indischen Gurus Maharishi Mahesh Yogi handelt, der die Technik im Westen populär machte, stammt aus zum Teil für das kritische westliche Denken recht spekulativen philosophischen und religiösen Überlegungen.
TM kann zwar wie jede Mantrameditation auch weitgehend unabhängig von weltanschaulichen Voraussetzungen ausgeübt werden. Deshalb empfiehlt selbst die Stiftung Warentest, die gewiß nicht im Verdacht steht, religiöses Denken zu propagieren, TM unter anderem als wirksames Mittel gegen zu hohen Blutdruck. Doch in der Praxis wird der Übende mit Thesen aus der philosophisch-religiösen Gedankenwelt der alten vedischen Philosophie und des Yoga konfrontiert. Diese Annahmen müssen nicht schon deswegen falsch sein, weil sie einem anderen Kulturkreis entstammen oder religiöser Natur sind. Man sollte sich allerdings darüber im klaren sein, daß man sich mit ihnen auf sehr weitreichende weltanschauliche Überzeugungen mit all ihren erwünschten und vielleicht auch unerwünschten Folgen einläßt.
Ein anderer Nachteil, wie Mantrameditation nach Art der TM gelehrt wird, liegt in der teilweise ungenügenden Klärung und Erläuterung grundlegender Begriffe. Besonders in der weiter fortgeschrittenen Phase der Meditation fehlt es an psychologischer und begrifflicher Anleitung, um den Prozeß der positiven Bewußtseinsveränderung zu

vervollständigen. Es wird zwar ein umfangreiches Programm auf Videokassetten angeboten, doch dabei handelt es sich lediglich um ein wahlfreies Angebot der Vertiefung und jedenfalls keine systematische Hinführung zu einer kritischen Bewußtseinsentwicklung, die sich an rationalen westlichen Maßstäben orientiert.

• Im Unterschied dazu ist EQ-Training so etwas wie eine Quintessenz besonders wirksamer Techniken auf der psychologischen und physiologischen Ebene – das heißt, EQ-Training wirkt ohne Mystik und Rückgriff auf die Religion.

• Anders aber als etwa Autogenes Training oder Progressive Muskelentspannung ergänzt EQ-Training seine weitgehend neutralen, kaum weltanschaulich gebundenen Techniken um eine wichtige fehlende Komponente, die überhaupt erst eine weitergehende positive Veränderung unserer Erfahrungen ermöglicht: Das ist die Dimension des Gefühls und der Werte.

EQ-Training setzt die bewährte und hochwirksame Mantrameditation in einer speziellen, weltanschaulich neutralen Variante ein, um auf der Basis der so erreichten Ruhe und inneren Gesammeltheit wichtige Ziele innerhalb der persönlichen seelischen und körperlichen Gesundheit und der eigenen Entwicklung zu größerer Positivität und Effektivität zu erreichen.

5 Wozu leben wir?

Haben Sie sich jemals gefragt, wozu man sich »abrackert«? Warum man Schmerzen, Krankheiten, Anstrengungen und Sorgen auf sich nimmt? Natürlich, wer hat das nicht. Diese Frage geht oft zusammen mit Erwägungen über den Sinn des Lebens.

Ihre Antwort war vermutlich nicht, daß Sie es so ungemein angenehm finden, zu leiden. Wenn Sie weder besonders neurotisch noch masochistisch sind, sollte das Leiden keine Anziehungskraft für Sie besitzen. Sondern da ist etwas in Ihrem Leben – oder zeigt sich doch gelegentlich –, das es lohnenswert macht oder zumindest lohnenswert *erscheinen* läßt. Ohne solche Werte oder Werterfahrungen wäre Ihr Lebenswille nur mechanisch, gewohnheitsmäßig und irrational.

• *Sie würden sich mit Recht fragen, wozu Sie eigentlich leben.*

Dann handelte es sich tatsächlich, wie der Philosoph Schopenhauer meinte, um den bloßen *Willen* zum Leben.

• An dieser Stelle ist ein wenig Sorgfalt erforderlich. Es reicht nicht aus, im gewohnten Alltagsdenken zu verharren, wenn wir eine weitreichende innere Veränderung und Befreiung von unnötigen negativen Erfahrungen erreichen wollen.

Ist es möglich, so fragen wir in einem ersten vorbereitenden Schritt, der uns eine wichtige Grundeinsicht des EQ-Trainings vermittelt, in allgemeingültiger Weise das zu bezeichnen, was das Leben lebenswert, d. h. »wertvoll« macht, also seinen Wert und möglicherweise auch seinen Sinn darstellt? Und ist es vielleicht sogar möglich, diesen Faktor für alle Menschen auf einen gemeinsamen Nenner zu bringen?

• Sollte es möglich sein, einen gemeinsamen Nenner des Wertvollseins zu finden, dann könnte dies sehr vereinfachend auf unseren künftigen Umgang mit unseren überall gegenwärtigen mentalen Problemen wie Angst, Spannung, Unbehagen, Sorgen, Minderwertigkeitsgefühlen, Langeweile, Eifersucht usw. wirken.

Wir hätten es nämlich nicht mehr mit einer unüberschaubaren Fülle individueller Gedanken und Probleme zu tun, sondern nur mit zwei wesentlichen Faktoren: dem Wertvollen, dem »Positiven«, dessen genauen Charakter wir allerdings erst noch bestimmen müssen – und umgekehrt mit seinem Kontrahenten, dem »Negativen«.

Daß die meisten Dinge nicht neutral sind, sondern uns in irgendeiner Weise wertvoll erscheinen – also nützlich, attraktiv, anziehend, schön, gut, unterhaltsam oder umgekehrt wertlos, also unnütz, schädlich, unangenehm, abstoßend, häßlich, böse, langweilig und so weiter –, ist eine jedermann geläufige Tatsache. Aber außer den Philosophen denkt kaum jemand über diesen merkwürdigen Sachverhalt nach.

• Was ist das Wertvollsein?

Dem Alltagsmenschen ist die Frage nach dem Wertvollen als genereller Begriff gewöhnlich fremd. Da er nicht überblickt, welche Folgen seine bewußte (oder auch unbewußte) Auffassung für seine seelische Gesundheit, für sein Glück und seinen Erfolg hat, hält er solche Fragen meist für überflüssig, wenn nicht sogar für unbeantwortbar. Und in der Tat ist die Bedeutung derartiger Ansichten für unser Leben ja auch nicht ohne weiteres ersichtlich.

• EQ-Training zeigt Ihnen, inwiefern solche zu simplen Alltagsauffassungen als »Gedankenkäfige« wirken und wieso sie uns an einem erfüllten und positiven Leben hindern. Erst wenn der Fehler erkannt ist, der uns zu falschen Schlüssen über unser Leben mit all den damit verbundenen emotionalen Nachteilen verführt, wird es möglich, ein wichtiges Moment des EQ-Trainings – nämlich das Wertvollsein selbst – zum Gegenstand der Übung und Veränderung zu machen.

Unser weltanschaulicher Fehler ist im Grunde recht simpel, stellt aber ein fast nicht ausrottbares Vorurteil dar:

• *Gewöhnlich nimmt der Alltagsmensch die Dinge für das Wertvollsein selbst und setzt sie ihm gleich.*

Unter »Ding« ist hier alles zu verstehen, was überhaupt vorkommt. Also nicht nur konkrete Gegenstände, sondern auch Eigenschaften, Beziehungen, Verhältnisse, Entwicklungen. Und dazu zählen alle Arten von Wahrnehmungen und Erfahrungen, also auch Gedanken, Vorstellungen und Erinnerungen.

Lediglich in solchen geflügelten Worten wie »Schön ist, was gefällt« oder »Alles Geschmacksache« spiegelt auch die Alltagssprache einen gewissen Zweifel an der schlichten Gleichsetzung von Wertvollsein und den Objekten wider, die als wertvoll oder wertlos erlebt oder beurteilt werden. In ähnlicher Weise wird deutlich, daß die Dinge unmöglich allein das sein können, was unsere Werterfahrung ausmacht, wenn wir sagen, wir hätten zu irgend etwas »keine Lust« oder seien nicht »in der Stimmung« dazu. Hier zeigt sich bereits deutlich die Abhängigkeit unserer Werterfahrung von einer subjektiven Komponente. Aber was ist diese Komponente?

6 Leben ohne Gefühle?

Stellen wir uns den Bewohner eines fremden Planeten vor, der nur über eine fotografische Abbildung der Wirklichkeit verfügt. Seine Wahrnehmung gleicht im Prinzip den Aufnahmen einer Filmkamera. Der Bewohner dieses fremden Sterns kehrt abends genauso wie wir von der Arbeit heim, um seinen Feierabend zu *genießen* ...

Hier sollten wir umgehend protestieren und feststellen, daß dies gar nicht möglich ist. Man genießt seinen Feierabend nicht, wenn man nur fotografisch wahrnimmt. Man nimmt wahr, nichts weiter. Jemand, der lediglich abbilden kann, hat keine Werterfahrungen und kann folglich auch nicht seinen Feierabend genießen. Woran liegt das? Was fehlt ihm zu seinem »Glück« oder »Unglück«?

• *Der Grund für sein fehlendes Wertempfinden liegt darin, daß er keine Gefühle besitzt.*

Statten wir unseren Bewohner eines fernen Planeten nun noch zusätzlich mit den übrigen Sinneswahrnehmungen wie Hören, Riechen, Schmecken und Empfindungen aus (Tastsinn, Wärme, Kälte usw.), so ändert das auch nichts daran, daß er seinen Feierabend immer noch nicht genießen kann.

Sein Genuß liegt niemals nur allein darin, daß er Töne hört und Gerüche wahrnimmt oder etwas als kalt oder warm erkennt. Dieselbe Wärme von – sagen wir zwanzig Grad – kann je nachdem als angenehm oder unangenehm empfunden werden.

Das Angenehm- oder Unangenehmsein ist also ein Faktor, der sich von der Empfindung – wie auch von allen anderen Wahrnehmungen – unterscheidet.

• *Genau diesen Faktor, diesen Aspekt in unseren Erfahrungen, nennen wir Gefühl.*

Das Angenehm- oder Unangenehmsein, das sich in den Gefühlen zeigt, kann alle Arten von Wahrnehmungen begleiten: also auch Sinneswahrnehmungen und Körperempfindungen, Erinnerungen und Vorstellungen.

Fügen wir nun den Fähigkeiten unseres Außerirdischen als weitere Komponente noch das Denken hinzu. Ändert sich etwas an seiner Genußfähigkeit, wenn er imstande ist, über die Dinge nachzudenken?

Nein, denn er kann denken, was immer er will. Er kann sein Denken in die Form eines Werturteils bringen, wie etwa: »Dies ist ein wundervoller Feierabend, und ich habe ihn wirklich verdient!« – Aber wenn sich diesem nur gedanklichen und sprachlichen Werturteil nicht das Genießen beigesellt, das im angenehmen Gefühl liegt, handelt es sich um bloße Wert*urteile,* und nicht um Wert*erfahrungen.* Wir könnten auch sagen, jemand *meine* etwas nur, erfahre es aber nicht wirklich.

• Dies gilt auch für Werte als Mittel, die über das Denken erfaßt werden und deren Wertvollsein man leicht für unabhängig von Gefühlen halten könnte.

Denn der Wert der Mittel – z. B.: Antibiotika, Kleidung, Geld, Werkzeuge, Gesetze, Verhaltensregeln – läßt sich nur begründen, wenn wir irgendwann an ein Ende mit der Frage kommen, warum etwas wertvoll ist. Aus einsichtigen Gründen bedarf es dabei eines Wertmoments, das hinsichtlich seines Wertvollseins selbst nicht weiter hinterfragt werden muß, bei dem das Wertvollsein *evident* ist. Jede andere Art der Wertbegründung würde zum »unendlichen Regreß« führen. Anders ausgedrückt: Wir könnten bis in alle Unendlichkeit weiterfragen, warum etwas wertvoll ist und kämen niemals an ein Ende. Das ist aber offensichtlich nicht erforderlich, weil es in unserer Erfahrung etwas gibt, das seinen Wert ganz augenscheinlich zeigt.[5]

• Dieses letzte Wertmoment, das sich evidenterweise aus sich selbst heraus als wertvoll erweist und damit auch den Wert der Mittel begründet (weil sie zu ihm hinführen müssen, um überhaupt wertvoll zu sein), ist das positive Gefühl.

7 Was bedeutet »Gefühl«?

Gefühle werden gemeinhin als innere Phänomene besonderer Art angesehen, die sich von Wahrnehmungen, Empfindungen, Vorstellungen, Gedanken, Erinnerungen, Absichten usw. wie auch dem inneren Sprechen unterscheiden. Als ausschließlich *innere* Phänomene, weil kaum jemand, außer vielleicht in animistischen Religionen oder Weltanschauungen, glaubt, die reale Außenwelt sei von Gefühlen beseelt. Ebensowenig ist ein nur innerlich gesprochener Satz, wie z. B.: »Ich bin müde«, »Ich bin eifersüchtig« bereits dem Gefühl des Müdeseins oder der Eifersucht gleichzusetzen. Gefühle sind also keineswegs nur sprachlich gefaßte Gedanken.

Gefühle können grob und stark oder so subtil und schwach sein, daß sie als solche zwar in gewissem Sinne unbemerkt bleiben, weil sie nicht im Brennpunkt der Aufmerksamkeit liegen, aber trotzdem *erlebt* werden, also nicht im echten Sinne unbewußt sind.

Im ersteren Fall bezeichnen wir sie als Emotionen oder Affekte (Wut, Haß, Ärger). Das positive oder negative Gefühl kann mit sämtlichen Erfahrungsobjekten eine Verbindung eingehen, auch mit unseren sprachlich gefaßten oder nonverbalen Gedanken. Gefühle, die unser Befinden wie eine überall durchscheinende Färbung prägen, werden Stimmungen genannt.

• Gefühle mögen ihre jeweils eigenen Qualitäten haben oder nicht, sie mögen schwach oder stark, bewußt oder weniger bewußt sein – sie vermitteln uns immer etwas, das negativ oder positiv, anziehend oder abstoßend, lustvoll oder unlustbetont ist, kurz: als *angenehm* oder *unangenehm* erlebt wird. Und dieser Faktor stellt offenkundig ihre wesentliche Funktion dar.

Es ist wichtig, sich die herausragende Rolle der Gefühle klarzumachen, wenn man sein Bewußtsein verändern will. Ohne etwas, das uns – sei es nun für sich allein betrachtet oder in Verbindung mit anderen Objekten, die keine Gefühle sind – angenehm oder unangenehm erscheint, wären wir wie jener nur fotografisch abbildende Bewohner eines anderen Planeten: nichts weiter als wahrnehmende Roboter.

• *Ausschließlich im Angenehmsein oder Unangenehmsein der Gefühle zeigen sich uns die Werte. Alle anderen Werte sind nur vermittelt durch solche Gefühlswerte.*

Die moderne Psychologie ist diesem fundamentalen existentiellen Sachverhalt erst kürzlich wieder durch den Begriff der »Emotionalen Intelligenz« ein wenig nähergekommen.

Nicht nur der Intelligenzquotient stellt einen wichtigen Faktor dar, definierten wir oben, wenn wir unser Leben erfolgreich bewältigen wollen, sondern der Umgang mit unseren Gefühlen kann einen möglicherweise noch höheren Stellenwert beanspruchen. Menschen, denen man eine hohe emotionale Intelligenz zuspricht, sind gesünder und erfolgreicher. Und emotionale Intelligenz läßt sich offensichtlich steigern, wenn wir uns über den genauen Stellenwert der Gefühle im Leben klarwerden.

• Ohne Gefühle bestünde unsere Erfahrung nur aus neutralen Wahrnehmungen und Gedanken.

Daß Lust anziehend ist, daß wir sie schätzen, daß ein Gefühl des Behagens seinen evidenten Wert hat, daß ein Braten gut schmeckt, daß Freude positiv ist, muß uns nie-

mand erklären. Und dies gilt sogar ungeachtet unserer eigenen Einschätzung des Sachverhalts, unserer falschen oder richtigen Meinung, denn sieht man von Ausnahmen ab, bewegen wir uns völlig intuitiv und automatisch in Richtung auf positive Gefühle.
Was das Gefühl zu dem macht, was es ist, wenn es uns so erscheint, wie es ist, seine Attraktivität, erklärt sich selbst, es *zeigt* sich. Wir können nur sagen: »Fühle es, und du wirst verstehen, was ich meine!«
Und hinsichtlich der negativen Gefühle gilt dasselbe: Schmerz, Trauer, Niedergeschlagenheit, Wut, Neid, Müdigkeit, Eifersucht, Depression, Melancholie zeigen ihre negative Qualität unmittelbar und evident. Negative Qualität heißt: Für sich allein betrachtet negativ, denn zweifellos stellen manche negativen Erfahrungen (wenn auch bei weitem nicht alle) Mittel dar und haben die Funktion, positive Werte zu ermöglichen oder zu erhalten:

• Der Schmerz, wenn wir uns an der Kerzenflamme verbrennen, ist für sich allein betrachtet zwar negativ, eben als Schmerz; er ist aber auch ein *Mittel*, und daher ein positiver Wert, um unseren Körper vor Verletzungen durch Verbrennen zu schützen.

8 Glück und Gefühl

Die Frage, was das Glück sei, läßt sich leichter beantworten, wenn wir wissen, daß Angenehm- und Unangenehmsein die wesentlichen Faktoren des Gefühls sind. Sie werden ein überwiegend von positiven Gefühlen und von wenig negativen Gefühlen geprägtes Leben »glücklich« oder »glücklicher« nennen als ein Leben, in dem Sie überwiegend negative Gefühle erleiden müssen.

• Glück im allgemeinen Sinne ist nach dieser Definition ein Zustand, in dem positive Gefühle vorherrschen, in dem Sie emotional »erfüllt« sind.

Dies gilt offenbar auch, wenn Sie sich über die entscheidende Rolle des Gefühls gar nicht völlig im klaren sind. Als Menschen sind wir in der Regel – von Natur aus, aber auch durch gesellschaftliche Prägung – *naturalistisch* bzw. *objektivistisch* orientiert. Wir glauben, das Glück hänge allein, oder doch überwiegend, von objektiven Faktoren ab.

Wie wir im folgenden noch genauer sehen werden, verwechseln wir zu oft die Sachen, die Dinge und Sachverhalte, die eigentlich nur Mittel zu unserem Glück darstellen, mit dem Glück selbst. Wir halten die Werte, die wir in unseren Werterfahrungen erleben, für objektiv, d. h. für an den Sachen selbst existierend. Daß es vor allem die innere Antwort des Gefühls ist, die den Dingen ihren Wertcharakter verleiht und dadurch überhaupt erst ermöglicht, daß wir uns glücklich fühlen, ist weigehend unbekannt.

• In der Diskussion über Gefühle, vor allem über das Glück, hört man häufig, immer glücklich zu sein, müsse doch todlangweilig sein. Aber das ist ein fast schon tragikomisches Mißverständnis, weil positive Gefühle oder Glück nun einmal nicht negative Gefühle oder Langeweile beinhalten können. Glück und Langeweile schließen einander schon per Definition aus. Gesellt sich aber das negative Gefühl zum positiven Gefühl, wie etwa im Phänomen des Masochismus, dann erfahren wir auch keine reine Positivität, kein ungetrübtes Glück.

9 Die Entdeckung unseres mentalen Hauptprinzips

Wir essen also nicht nur, um Nahrung zu uns zu nehmen, sondern weil es uns »schmeckt«. Wir gehen ins Theater, weil wir ein Stück »unterhaltsam« finden. Wir vermeiden es, uns mit häßlichen Dingen zu umgeben. Wir fliehen die Langeweile. Wir scheuen den Ärger, die Anstrengung, die Sorge. Eine Beleidigung ist für uns vor allem deswegen ein Problem, weil wir durch sie negative Gefühle erfahren.

• *Der gemeinsame Nenner aller Gefühle, so verschieden sie ansonsten auch sein mögen, ist offensichtlich ihr Angenehm- oder Unangenehmsein.*

Dieser gemeinsame Nenner ist das in der Regel kaum oder gar nicht bewußte »mentale Hauptprinzip des Bewußtseins«. Wirksame psychische Therapien wie etwa das Desensibilisierungstraining gegen Ängste in der Verhaltenstherapie nutzen daher den Faktor Gefühl, um zum Beispiel Ängste »zu verlernen«. Diese Einsicht ist auch von großer Tragweite für die Möglichkeit der positiven Veränderung des Bewußtseins im EQ-Training, wie sich noch zeigen wird.

• Gefühle motivieren und bewegen uns mehr oder weniger bewußt oder auch unbewußt durch ihr Moment des Positiv- und Negativseins.

Der Versuch, Ihr Bewußtsein in Richtung auf mehr Positivität und weniger Leiden zu entwickeln, wird um so erfolgreicher sein, je klarer Sie diesen Sachverhalt *in seinem*

ganzen Umfang erkannt haben. Das ist keine ganz leichte Aufgabe, weil viele – auch kulturelle und gesellschaftliche – Gründe und Gewohnheiten gegen diese Auffassung zu sprechen scheinen.
Die folgenden Listen sollen Ihnen einen ersten Eindruck von dem Umfang vermitteln, in dem das Prinzip des Angenehm- und Unangenehmseins der Gefühle gilt. Erst wenn Sie erfassen, daß es sich tatsächlich um den mit Abstand wichtigsten Faktor Ihres Lebens handelt und wenn Sie nach und nach dieses Prinzip auch in Ihren ganz persönlichen Erfahrungen als mentales Hauptprinzip verifizieren können, kann EQ-Training seine volle Wirksamkeit entfalten.
In den folgenden beiden Gruppen von Gefühlen läßt sich jeweils ein gemeinsamer Nenner finden, so verschieden die Gefühle im einzelnen auch sein mögen, und dieser gemeinsame Nenner ist der eigentliche und letzte Grund, der uns bewegt, d. h., der uns zustimmen oder ablehnen läßt, der uns zur Aktivität »Hin zu …« oder »Weg von …« veranlaßt, der mithin als unser mentales Hauptprinzip angesehen werden muß:
1. Freude, Behagen, Lust, Dankbarkeit, Liebe, Verliebtheit, Genugtuung, Glück, Zufriedenheit, Optimismus, Orgasmus, Selbstachtung, Genuß, Euphorie, Begeisterung, Triumph, Vergnügen, Jubel, Entzücken, Fröhlichkeit, Befriedigung, Wonne, Wohlbefinden, Zuversicht, Vertrauen.
2. Ärger, Unbehagen, Nervosität, Beklemmung, Wut, Zorn, Trauer, Angst, Furcht, Schmerz, Kummer, Eifersucht, Neid, Abscheu, Ekel, Panik, Unruhe, Sorge, Gereiztheit, Aggression, Ungeduld, Frustration, Ungerechtigkeit, Langeweile, Überdruß, Resignation, Verzweiflung, Unruhe, Verachtung, Reue, Widerwillen, Mißtrauen, Selbstverachtung.
Unabhängig vom jeweiligen besonderen Sachverhalt –

Eifersucht etwa ist rein sachlich oder der Bedeutung nach betrachtet eine andere menschliche »Konstellation« als »Verzweiflung« – läßt sich in der Gruppe 2 immer ein negatives Gefühlsmoment ausmachen.
Und entsprechend finden wir in der Gruppe 1 immer ein positives Gefühlsmoment.
Um es noch einmal in aller Deutlichkeit zu sagen: Wir leiden nicht wegen des sachlichen Zusammenhangs oder der gedanklich erfaßten Bedeutung, die sich in der Situation der Eifersucht zeigt. Sondern wir leiden, indem Eifersucht uns ein negatives Gefühlsmoment erleben läßt. »Leiden« und »negatives Gefühlsmoment« sind demnach Synonyme, insofern sie ein negatives Moment enthalten, wobei Leiden allerdings dem Sprachgebrauch nach eher den sehr starken negativen Gefühlen vorbehalten ist.
Und umgekehrt streben wir meist nur deswegen nach Liebe, nach Freude, Wohlbehagen, Zufriedenheit usw., weil sich darin bei aller Verschiedenheit des Erlebens ein Gemeinsames zeigt: das positive Gefühl.
• Wäre es uns möglich, aus den beiden Gruppen einzig und allein das positive und negative Gefühlsmoment zu entfernen, während alle anderen Bestimmungen gleich blieben, dann wären diese Gefühle so wenig in der Lage, unserer Erfahrung ein Wertprofil aufzuprägen (abgesehen von Werten als Mittel) wie beliebige andere Qualitäten.
An den folgenden Wertbegriffen läßt sich diese Auffassung noch weiter verdeutlichen:
Übelkeit, Gestank, Lärm, Unglück, Dröhnen, Geschrei, Sodbrennen, Ruhestörung, Qual, Strapaze, Mühsal, Argwohn, Schüchternheit, Arroganz, Mißklang, Pein, Augenbrennen, Brutalität, Seitenstiche, Monotonie, Eintönigkeit, Widerwille, Zwietracht, Verbitterung, Verdrossenheit, Feindschaft, Zwiespalt, Schlampigkeit, Konflikt, Mißverständnis, Grausamkeit, Frechheit, Dreistigkeit, Zank, Ma-

gendrücken, Boshaftigkeit, trostlos, ekelhaft, häßlich, abschreckend.
Auch hier finden wir neben der bloß inhaltlichen Bestimmung oder Bedeutung – z. B. »Argwohn« als jemandem nicht trauen – normalerweise immer ein negatives Gefühlsmoment. Und solche negativen »Gefühlsauszeichnungen« umfassen alle Arten von Sinneserfahrungen und Bewußtseinsobjekten: Gestank – Geruch; Lärm – Gehör; Sodbrennen – Körperempfindung; Mißverständnis – Gedanke.
Betrachten wir jetzt die positive Entsprechung:
Wohlklang, Schönheit, Wohlgefallen, Gaumenkitzel, Entzücken, Schwelgerei, Labsal, Belustigung, Unterhaltung, Gaudium, Annehmlichkeit, Erquickung, Anmut, Harmonie, Grazie, Anmut, Wohlgeschmack, Augenweide, Erleichterung, Ohrenschmaus, Liebreiz, vergnügt, fidel, frohgestimmt.
Wir sehen hier wieder, daß sich alle diese Begriffe – neben ihrer jeweiligen Bedeutung – auf einen gemeinsamen Nenner bringen lassen: die positive Gefühlsauszeichnung.
Eine einfache Gegenprobe wird uns vollends davon überzeugen, daß das Wertmoment tatsächlich der allgemeine Nenner aller Wertbegriffe ist. Versuchen Sie sich vorzustellen, daß dieselben Begriffe *angenehm* sind:
Ärger, Unbehagen, Nervosität, Beklemmung, Wut, Zorn, Trauer, Angst, Furcht, Schmerz, Entsetzen, Kummer, Eifersucht, Neid, Abscheu, Ekel, Panik, Unruhe, Sorge, Gereiztheit, Aggression, Ungeduld, Frustration, Ungerechtigkeit, Langeweile, Überdruß, Resignation, Verzweiflung, Unruhe, Verachtung, Reue, Widerwillen, Mißtrauen, Selbstverachtung, Übelkeit, Gestank, Lärm, Unglück, Grauen, Fassungslosigkeit, Dröhnen, Geschrei, Sodbrennen, Ruhestörung, Qual, Strapaze, Verwirrung, Mühsal,

Argwohn, Schüchternheit, Arroganz, Mißklang, Pein, Augenbrennen, Brutalität, Seitenstiche, Monotonie, Eintönigkeit, Widerwille, Zwietracht, Verbitterung, Verdrossenheit, Feindschaft, Zwiespalt, Schlampigkeit, Konflikt, Mißverständnis, Grausamkeit, Frechheit, Dreistigkeit, Zank, Magendrücken, Boshaftigkeit.

Daß tatsächlich das Wertmoment dieser Begriffe nicht in ihrem sachlichen Gehalt, ihrer bloßen Bedeutung liegt, läßt sich auch an folgenden Beispielen zeigen:

Monotonie etwa ist nur dann Monotonie, also ein negativer Wertbegriff, wenn wir in der Aufeinanderfolge ein negatives Gefühlsmoment erleben. Völlig gleichförmige Wiederholung kann auch angenehm sein, wie zum Beispiel Wiederholungen in der Musik zeigen oder das Behagen des Säuglings, wenn er in der Wiege geschaukelt wird. Und Schüchternheit, die von einem selbst nicht als unangenehm erlebt wird, wäre lediglich Zurückhaltung oder Desinteresse.

Umgekehrt gilt dasselbe für die folgende Liste. Wir können keinem der Begriffe das Prädikat *unangenehm* zuordnen:

Freude, Behagen, Lust, Wollust, Dankbarkeit, Liebe, Verliebtheit, Genugtuung, Glück, Zufriedenheit, Optimismus, Orgasmus, Selbstachtung, Genuß, Euphorie, Begeisterung, Triumph, Vergnügen, Jubel, Liebreiz, Entzücken, Fröhlichkeit, Befriedigung, Wonne, Wohlbefinden, Zuversicht, Vertrauen, Wohlklang, Schönheit, Wohlgefallen, Gaumenkitzel, Entzücken, Schwelgerei, Labsal, Belustigung, Unterhaltung, Gaudium, Annehmlichkeit, Erquickung, Anmut, Harmonie, Grazie, Wohlgeschmack, Augenweide, Erleichterung, Ohrenschmaus, Liebreiz.

Auch hier wird wieder deutlich, daß alle Begriffe statt des Negativen ein Gemeinsames haben: ihre Positivität. Werte werden durch Gefühle begründet.

• Dies gilt auch für jene Werte, die wir als »Sinn des Lebens« bezeichnen.
Sinn ist eine besondere Form des Wertes. Sinn ist ein Wert, der für uns besonders große Bedeutung hat. Was heißt hier letztlich groß und bedeutend?
Versuchen Sie sich vorzustellen, was Sie in Ihrem Leben als sinnvoll ansehen, hätte keinerlei Bezug zu Ihren Gefühlen. Die aufopfernde Arbeit einer Mutter etwa sei einzig und allein darauf ausgerichtet, ihre Kinder zu fördern. Dann würde sie ihr eigenes Glück für das ihrer Kinder opfern. In einem fairen System, das allen Seiten gerecht wird, sollte vollständiger Verzicht zugunsten anderer aber eher eine Ausnahme sein. Es sei denn, wir erfahren gerade in diesem Verzicht eine emotionale Dimension, die unser Leben bereichert. Auch der Mutter steht ein Recht auf ein erfülltes Leben zu.
• Unser Lebenssinn hängt also vom Maß der emotionalen Erfüllung ab, die durch die Sinnhaftigkeit des Lebens erfahren wird.
Und opfern wir uns überhaupt wirklich für bloße Ideen? Das mag zwar prinzipiell möglich sein, spielt aber in der Praxis offenbar keine große Rolle. Vor allem erhöht es nicht zwangsläufig den Wert einer Handlung. Es muß eher als fehlender Einklang mit unseren eigenen Interessen angesehen werden. Ideen sind abstrakt, und wenn sie nicht wiederum innerhalb des emotionalen Systems, in dem wir uns alle gemeinsam bewegen, mehr Positivität des Gefühls und weniger Negativität, also Leiden, hervorbringen, dann handelt es sich um bloße Prinzipienreiterei, um fixe Ideen, um »blutleere Ansichten« ohne Rücksicht auf unsere Gefühle. Das Kriterium eines nützlichen Wertes, also auch einer Idee, für die man stirbt, kann letztlich immer nur die Qualität unserer Gefühle sein.
Daß sich Werte, die für uns einen Sinn repräsentieren, oft

in Schwerpunkten zeigen, in bestimmten »großen Aufgaben«, wie ein Kunstwerk zu schaffen oder eine wissenschaftliche Aufgabe zu lösen, und daß sie deswegen »Sinn« genannt werden, ändert nichts an der Begründung solcher Werte durch Gefühle.

Nicht die Größe oder Außerordentlichkeit der Aufgabe, die wir als Lebenssinn empfinden, entscheidet über seine Qualität als Sinn, sondern die positive Gefühlsauszeichnung – also die durchgehende und tiefgreifende emotionale Erfüllung oder Befriedigung, die wir dabei im Leben empfinden. Ein Kind großzuziehen oder als Handwerker ein Meister seines Fachs zu werden, kann durchaus ein vergleichbares Maß an Sinnerfüllung verschaffen, wie Europa als Politiker zur Einheit zu führen, die Relativitätstheorie zu entwickeln oder eine Oper zu komponieren.

• Ein Bewußtsein, dem eine Fülle von Werten durch Gefühle zugänglich ist, stellt niemals den Sinn des Lebens in Frage.

10 Bewußte und unbewußte Motivationen

Die These, Wert und Sinn des Lebens seien durch Gefühle bedingt, führt leicht zu einem naheliegenden Mißverständnis: nämlich, wir handelten immer *bewußt* um der Gefühle willen. Aber dann wäre unsere Suche nach dem, was das Wertvollsein begründet, überflüssig gewesen, denn wir wüßten längst, welche mentale Rolle unsere Gefühle spielen. Das Gefühl ist zwar, neben der Einsicht in Mittel, Antrieb unseres Handelns. Doch das Ziel unserer Motivation ist in den weitaus meisten Fällen der wertvolle Gegenstand, der das Gefühl hervorruft oder der es mit sich trägt.

»Der Mensch strebt zunächst nach *Gütern*, und nicht nach der Lust an den Gütern«, argumentiert denn auch der Philosoph und Psychologe Max Scheler. Die Lust, wie auch alle anderen positiven Gefühle, erscheint oft nur als Nebeneffekt. Es erfordert einige intellektuelle Anstrengung, diesen eher nebensächlich wirkenden Faktor als den eigentlich bestimmenden im Leben zu entdecken.

Der Grund dafür liegt, wie Sie im Verlaufe des EQ-Trainings erkennen werden, in unserer mangelnden inneren Unterscheidungsfähigkeit. Der geübte Blick auf Ihre inneren Gegebenheiten wird es Ihnen daher schon bald ermöglichen, völlig neue Mittel zur inneren Veränderung einzusetzen.

• Deshalb weisen sowohl die traditionellen östlichen Weisheitssysteme und Meditationslehren wie auch alle

neueren westlichen Therapien immer wieder auf den bewußtseinsverändernden Effekt der Selbsterkenntnis hin.
Nur muß diese Selbsterkenntnis das wirklich Wesentliche im Leben erfassen – und das ist die Rolle unserer Gefühle. Auch die Psychoanalyse ist ja nach ihrem eigenen Selbstverständnis ein Aufdeckungsprozeß unbewußter Motivationen, d.h. eben auch jener unbewußten Aspekte, die im Gefühl liegen. Sigmund Freud ging sogar so weit, zu glauben, die Lust sei das eigentlich beherrschende Moment unseres Lebens.[6] Doch diese Auffassung ist sicher nicht ganz zutreffend – unter anderem, weil Lust nur *eine* Form innerhalb der großen Palette positiver Gefühle in ihren vielfältigen Gegebenheitsweisen als Wahrnehmung und Gedanke, als Sinn und Wert darstellt.
In einzelnen Fällen wissen wir allerdings doch um unsere Motivation durch das Gefühl, was sich in solchen Äußerungen zeigt wie: »Ich habe keine Lust, (... das und das) zu tun«, »Meine Arbeit macht mir keinen Spaß«, »Der Film war langweilig«, »Ich kann der Versuchung einfach nicht widerstehen!« Oder wenn wir ein Schmerzmittel nehmen.

11 Meditation und Konzentration

Die vorausgegangenen Bemerkungen über die Rolle unserer Gefühle ermöglichen es Ihnen, durch EQ-Training gezielter auf Ihr – wie es hier genannt wurde – »mentales Hauptprinzip« einzuwirken. Traditionell werden solche Verfahren als »Meditation« bezeichnet.

- Meditation muß nichts Mystisches, Religiöses oder Esoterisches beinhalten.
- Meditation hat auch nicht notwendigerweise mit Einbildung und Suggestion zu tun.

Unter Meditation versteht man meist ein Verfahren der Ausrichtung der Aufmerksamkeit, das sich in *konzentrativer* Weise auf Gedanken oder andere Meditationsobjekte richtet, zum Beispiel auf Gefühle oder bildliche Vorstellungen. Gegenstand der Aufmerksamkeit können sowohl innere wie äußere Objekte sein. So gesehen sind auch Autogenes Training und Progressive Muskelentspannung »Meditation«. Im Autogenen Training etwa wird die Wärme bestimmter Körperbereiche zum Meditationsgegenstand. In der Progressiven Muskelentspannung nach Jacobson ist es das Anspannen und Loslassen von Muskeln.

- Ziel der Meditation, sieht man einmal von religiösen oder mystischen Meditationsformen ab, ist zunächst einmal oft die Entspannung, genauer: die Hoffnung auf Erleichterung und Erholung durch Entspannung.
- Dann, im weiteren Sinne, die positive Veränderung des Lebens und die Beseitigung von Problemen.

• Weitaus seltener dürfte der Anlaß reine Entdeckerfreude oder das Streben nach persönlicher Entwicklung sein.
Man kann wohl davon ausgehen, daß die Hoffnung auf Besserung vor allem psychischer Schwierigkeiten (wie »Nervosität«, »schlechte Laune«, Lustlosigkeit, Desorientiertheit, Sinnlosigkeit, Unsicherheit, Schlaflosigkeit, Angst, Depression, Stimmungsschwankungen) ein Hauptmotiv darstellt, wenn man sich dem zuwendet, was heutzutage im Westen unter Meditation verstanden wird.
• Wenn Sie erst entdecken, welche faszinierenden Möglichkeiten der inneren Entwicklung sich mit einem effektiven Weg nach innen erschließen, werden Sie das EQ-Training auch einsetzen, um Ihr Leben auf immer mehr Positivität auszurichten.
Konzentrative Verfahren wie das Autogene Training, Yoga oder die Progressive Muskelentspannung führen allerdings, wie schon erwähnt, leicht zu Muskelanspannungen und unangenehmen Körpergefühlen der Anstrengung und Erschöpfung oder zu anderen negativen Wahrnehmungen.
• Nicht-konzentrative Formen der Meditation vermeiden dagegen weitgehend solche unerwünschten Nebenwirkungen.
In der nicht-konzentrativen Mantrameditation, die sich besonders gut zur Anwendung im EQ-Training eignet, richtet sich die Aufmerksamkeit zwar auf ein Meditationsobjekt, das Mantra – ein traditionelles Mantra in der konzentrativen Meditation ist das bekannte *Om* –, doch geschieht dies in der Weise, daß Abschweifungen vom Meditationsobjekt nicht als Fehler, sondern als Ausdruck eines nicht optimalen Zustandes des Nervensystems (»Streß«) verstanden werden, der sich durch den Prozeß des Zulassens lösen läßt.
Nicht-konzentrativ bedeutet also keineswegs, der Aufmerk-

samkeit völlig freien Lauf zu lassen, etwa so, als versuchten wir zu dösen. Vielmehr richtet sich die Aufmerksamkeit durchaus auf ein Objekt. Dies geschieht jedoch ohne innere Anspannung und durch Zulassen begleitender Erfahrungen – wie zum Beispiel unangenehmer Gefühle oder anderer Wahrnehmungen – und Rückkehr zum Objekt der Aufmerksamkeit, ohne daß Abschweifungen als Fehler bewertet werden.

• Abschweifung vom Meditationsobjekt wird jedoch keineswegs gesucht.

Sie ist lediglich ein Kompromiß, denn eigentlich wird die Umschaltung in den ruhigen, entspannten Wachzustand angestrebt. Doch ist dieser ruhevolle Wachzustand nur ein *prinzipieller* Wunsch, kein *aktuelles* Ziel, das unbedingt verwirklicht werden muß. Wir erzwingen nichts, sondern lassen zu, was sich nach den jeweiligen Kräfteverhältnissen des Nervensystems von selbst einstellt. Denn jede willentliche Anstrengung, jede zu starke, sofort ihren Erfolg einfordernde Erwartungshaltung behindert den Meditationsprozeß.

• Widerstand und Kritik konservieren und festigen sogar alte Gewohnheiten.

Die Aufmerksamkeit kehrt vielmehr immer wieder auf leichte und zwanglose Weise zu ihrem Meditationsobjekt – in diesem Fall dem Mantra – zurück, und zwar ohne Tadel, ohne zu interpretieren oder willentlich zu assoziieren.

Nicht willkürlich beeinflußbare Kritik wird dabei wie alle störenden Gefühle, Gedanken, Gefühlsauszeichnungen von Gedanken und anderen Wahrnehmungen zulassend wahrgenommen.

• *Diese Art des Zulassens führt zu einer entspannten Haltung, die durch Konzentration kaum erreichbar wäre.*

Gedanken werden hier also anders verstanden als während der normalen Tagesaktivitäten, wo sie wünschenswert und notwendig sind. Die Meditations- und Bewußtseinstheorie geht dabei von der Annahme aus, daß ein intaktes und entwickeltes Bewußtsein und Nervensystem spontan bei seinem gewählten Objekt – in der Mantrameditation also dem Mantra – bleiben kann, wenn man das wünscht. Diese Fähigkeit nicht zu besitzen, wird als Ausdruck von Verspannungen und angesammelten Stressen, u. U. auch von erlernten Fehlhaltungen gedeutet.

• Interpretieren wir dagegen Ablenkungen – und hier vor allem auch mögliche unangenehme Symptome wie z. B. Langeweile oder während der zulassenden Haltung auftretende körperliche Schmerzen oder Stimmungsschwankungen – nicht auch als Lösung von schädlichen mentalen Energien und erlernten Verhaltensmustern, sondern betrachten sie als Störungen, die durch den Meditationsprozeß erst *erzeugt* werden, dann werden wir mit dieser Auffassung die Meditation behindern. Dann verursachen wir neue Spannungen, ja womöglich bekommen wir sogar Angst, uns zu schaden.

Die Annahme »Negative Symptome sind auch Streßlösungen« muß als eine sehr zweckdienliche Voraussetzung des Meditationsprozesses angesehen werden.

Sie sollten sich wenigstens versuchsweise zu dieser Annahme bekennen, um später im Vergleich zu Ihrer früheren Verfassung positive Veränderungen feststellen zu können, die sich dann auf die prinzipielle Richtigkeit der Hypothese vom »Entstressungs- und Umlernprozeß« zurückführen lassen.

In der Regel beantwortet unser Nervensystem diese bewußte Haltung, die keineswegs einfach dem gewöhnlichen »Sich-in-den-Schlaf-sinken-Lassen« gleichzusetzen ist, mit einem deutlichen Entspannungszustand, oft auch mit einem kurzen »Bliss«, einem Glücksgefühl.

• Solche positiven Gefühle sollten jedoch nicht als Ziel der Meditation angesehen werden, sondern allenfalls als angenehme Begleiterscheinungen.

Die Wirkungen des Zulassens in der nicht-konzentrativen Meditation sind vielfältig, ja geradezu »existentiell« bedeutsam, bedenkt man, daß Verdrängung, Hysterie und viele neurotische und pathologische Symptome von einer zu starken Verhaftung an subjektive Wertvorstellungen, von überzogenem »Habenwollen« und dem Hang zum Perfektionismus bestimmt sind.

12 Vorübung: Entspannung beim Zulassen negativer Wahrnehmungen

Diese Übung gehört nicht zur eigentlichen Meditation, sondern dient nur der Demonstration.

1. Um Ihnen das Prinzip der Entspannung durch Zulassen negativer Wahrnehmungen zu verdeutlichen, legen Sie sich bitte einen Moment lang bequem auf den Rücken (Bett, Liege, Matte etc.) und schließen Sie die Augen. Beide Beine sollen gleichmäßig gerade nebeneinander liegen.

2. Legen Sie nun das rechte Bein leicht angewinkelt so über das linke, daß der Bogen über Ihrer rechten Ferse bzw. Ihre rechte Wade auf dem Rist des linken Fußes oder oberhalb davon liegt.

3. Halten Sie Ihr rechtes Bein dabei nicht angespannt und aufrecht in der Mitte, sondern lassen Sie es so nach rechts kippen, wie es sich natürlich ergibt.

4. Trotz des Abkippens bleibt Ihr rechtes Bein in dieser Stellung unwillkürlich leicht angespannt. Versuchen Sie nicht, es willentlich zu entspannen, sondern lassen Sie es in der Haltung, die sich von allein ergeben hat.

5. Suchen Sie nun in Ihrem Körper ein negatives Gefühl auf, das nichts mit Ihrem rechten Bein zu tun hat. Dies mag irgendein Körpergefühl wie Druck oder Anspannung oder ein belastender Gedanke sein. Vielleicht ärgern Sie sich darüber, daß Ihre Freundin Meditation überflüssig findet. Oder denken Sie an irgendeine Situation, in der Sie sich befangen fühlten.

6. Versuchen Sie den Gefühlsaspekt des Gedankens von seiner Bedeutung zu trennen. Nehmen Sie nur das negative Gefühl wahr. Lassen Sie das negative Gefühl einen Moment lang aufrichtig zu. (Falls es sich nicht um eine Phobie handelt, sollte das problemlos möglich sein.)
7. Vermutlich wird nach dem Zulassen ein entspannender Ruck durch Ihr angespanntes rechtes Bein gehen. Dies beweist, daß Anspannung und negative Gefühle miteinander gekoppelt sind. Zulassen führt gewöhnlich zu einer größeren muskulären Entspannung, als es durch die einfache Absicht möglich wäre, sich zu entspannen.
Wiederholen Sie die Übung irgendwann, falls der Entspannungsvorgang nicht sofort eintritt, bis Sie sich von der Richtigkeit des Prinzips überzeugt haben.

13 Stufe eins: Zulassen

Für die Meditation wählen wir einen ruhigen, leicht abgedunkelten Raum und setzen uns möglichst entspannt und mit geschlossenen Augen in einen bequemen Sessel. Im Prinzip ist es möglich, auch im Liegen zu meditieren, doch führt dies besonders bei Anfängern leicht dazu, daß man einschläft. Ein voller Magen stört bei der Meditation ebenso wie Drogenkonsum oder Alkohol.

In einer etwa fünf Minuten dauernden Phase, die fortan der nächsten Meditationsstufe vorausgeht, üben wir das Zulassen jeglicher Bewußtseinsinhalte.

Später, wenn Sie über mehr Erfahrung verfügen, sollte sich die Phase des Zulassens entsprechend ihrer eigenen Dynamik ihre Zeit selbst suchen.

• Das kann im Einzelfall auch bedeuten, auf weitere Meditationsstufen zu verzichten.

Zulassen bedeutet gemäß unseren Definitionen des Gefühls: Wir lassen jede Art von Wahrnehmung zu, ob positiv oder negativ. Wir verdrängen keine unangenehmen Erfahrungen. Wir halten angenehme Erfahrungen nicht fest. Wir verzichten darauf, unsere Erfahrungen zu bewerten oder zu kritisieren und versuchen nicht, unsere Gedanken in eine bestimmte Richtung zu lenken. Wir lassen unserer Aufmerksamkeit freien Lauf.

Sollten wir uns jedoch in Gedanken verlieren, dann kehren wir zur zulassend wahrnehmenden Haltung zurück, ohne uns deswegen zu tadeln.

• Nicht willkürlich beeinflußbare Kritik am Vorgang des Abschweifens wird gegebenenfalls wie alle anderen störenden Wahrnehmungen zulassend wahrgenommen.

Man kann auch sagen, die zulassende Haltung selbst sei zum Meditationsobjekt geworden.

Leichtigkeit und Natürlichkeit sind dabei unsere mentalen Haupteinstellungen. Anstrengung, Anspannung, Kampf und Konzentration dagegen Fehlhaltungen.

Als Hilfsvorstellung kann es nützlich sein, sich vorzustellen, Sie hätten jegliche Aktivität von Ihrer Seite aus eingestellt. Sie seien völlig *inaktiv*. Was sich nun noch in Ihrem Körper und Bewußtsein abspiele, sei allein den frei schaltenden und waltenden Kräften Ihres Nervensystems überlassen. Übrig bleibt dann (sofern Sie nicht einschlafen) nur noch ein inaktiver innerer Zeuge oder Beobachter: Ihr »Selbst«. Sollten Sie einschlafen, so versuchen Sie dieser Neigung nicht zu widerstehen, denn das würde zu neuen Spannungen führen. Zulassen heißt, den inneren Kampf aufzugeben.

Solange wir noch keinen kompletten mehrstufigen Meditationsgang üben, ist es zweckmäßig, die Technik des Zulassens einige Tage lang jeweils etwas länger als fünf Minuten zu praktizieren, vielleicht für zehn oder fünfzehn Minuten. Übungszeiten sollten selbst nicht wieder dadurch zu Anspannungen führen, daß man sich ständig fragt, ob man die Zeitspannen unter- oder überschreitet. Hier ist es zweckmäßig, sich den eigenen Gefühlen und Einschätzungen zu überlassen, um herauszufinden, wieviel Zeit man tatsächlich benötigt.

Danach können ein paar leichte Bewegungsübungen nach Ihrer Wahl, die keinerlei Anstrengungen beinhalten, und eine kurze Ruhepause im Liegen hilfreich sein, falls Sie das wünschen.

Beim Zulassen aller inneren Erfahrungen können je nach-

dem belanglose, langweilige oder auch interessante und sehr angenehme, oder aber beängstigende und unangenehme Vorstellungen, Gedanken, Stimmungen usw. auftauchen. Vielleicht zeigen sich Ihnen unangenehme Masken oder Sie stürzen in ein »schwarzes Loch«. Das ist eine häufige Erfahrung, die Ihnen keine Sorgen bereiten sollte. Vielleicht geraten Sie in einen Wachtraum, d. h. in einen Traum, bei dem Sie mehr oder weniger deutlich wissen, daß Sie träumen. Dann ist es für Ihre mentale Gesundheit besonders effektiv, diesen inneren Bildern auf sanfte, zulassende Weise zu folgen, wenn das ohne Konzentration und Anspannung möglich ist. Sollten sich bewegte Objekte zeigen, zum Beispiel Pendel, die hin und her schwingen, oder sollten Sie selbst oder die Dinge Ihrer Innenwahrnehmung sich bewegen, dann folgen Sie auf leichte Weise diesen Bewegungen. Doch versuchen Sie auch hier nichts festzuhalten, sondern sich ganz den inneren Kräften zu überlassen.
Wie auf der mentalen Ebene, treten auch Symptome auf der Körperebene auf. Vielleicht schmerzen Ihre Hände oder Sie fühlen eine Beklemmung auf der Brust oder Ihr Atem wirkt angestrengt.
Ihre Muskeln können zucken – und dieses Muskelzucken kann auch nach der Meditation anhalten, und oft um so länger, je beharrlicher Sie es loswerden wollen. Auch hier wirken Wunsch und Absicht oder vielleicht sogar die Angst, zu erkranken oder sich zu schaden, kontraproduktiv. Geläufig ist auch die Neigung, unwillkürlich *Grimassen* zu bilden. Tritt dieses Symptom spontan und wie von selbst auf, dann sollten Sie ihm auch hier wieder soviel Zeit gewähren, wie es selbst benötigt, um seine Energie durch den Ausdruck der Grimassen abzuarbeiten – so anomal und befremdlich Ihnen dieser Vorgang auch vorkommen mag!

Ebensogut ist es aber auch möglich, daß sich wohliges Behagen und angenehme Entspannung einstellen. Ihr Körper fühlt sich gut an, und Sie sollten keine »Skrupel« haben, diesen Zustand zu genießen. Allerdings versuchen Sie nicht, ihn festzuhalten.
Angenehme Gefühle stellen gewöhnlich kein Problem dar. Unsere »eingebaute mentale Automatik« folgt ihnen gern. Bei negativen Erscheinungen überfallen uns jedoch leicht Zweifel und wir reagieren mit Abwehr. Schaden wir uns damit nicht? Deshalb ist es wichtig, zu wissen: Zum Problem werden nicht die Symptome, die sich in der Meditation zeigen, sieht man einmal davon ab, daß Sie sich für den Augenblick vielleicht unangenehm fühlen – Sie werden nicht krank oder »verrückt« –, sondern der kritische Punkt ist Ihre *Einstellung*, sich deswegen Sorgen zu machen.
Viele negative Gedanken und Gefühle werden vom Anfänger zunächst gar nicht bemerkt. Genauer: Er identifiziert sie nicht als unter die Meditationsregel fallend. Womöglich ärgert ihn das Ticken der Uhr oder das Zwitschern eines Vogels in der Dachrinne. Vielleicht spürt er verstärkten Speichelfluß, muß schlucken, husten, niesen oder fühlt sich gelangweilt – und betrachtet das alles als Störung. Im landläufigen Sinne ist es auch zweifellos eine Störung. In der Meditation dagegen hält uns das, was als Störung auftritt, gewissermaßen einen *inneren Spiegel* vor. Es gibt uns Auskunft über den Zustand unseres Nervensystems. Und wenn diese Auskunft negativ ist, wollen wir sie gewöhnlich nicht zur Kenntnis nehmen. Doch unsere Regel lautet nun einmal, alles zuzulassen. Und das Wort »alles« schließt auch unsere kritischen Einwände, unsere Wehleidigkeit, unsere Ausflüchte und Schwächen ein.
Gewiß sollten (und werden) Sie handeln, wenn der Dachstuhl brennt oder ähnlich dramatische Ereignisse eintreten. Aber davon einmal abgesehen, ist es eine der

wichtigsten Meditationsregeln überhaupt, unangenehmen oder beängstigenden Erfahrungen keinerlei Wert beizumessen und sie einfach wahrnehmend zuzulassen, ohne den Versuch, den jeweiligen Gedanken weiter zu erklären oder zu interpretieren. Die Hypothese, daß es sich auch um Streßlösungen auf dem Wege der eigenen Entwicklung handelt, reicht völlig aus. Wenn Sie dagegen glauben, sich zu schaden oder verrückt zu werden, weil Sie den Sinn des Meditationsprinzips noch nicht verstanden haben, verstärken und festigen sie den Spannungszustand Ihres Nervensystems.

Hier hilft uns unsere Definition der Gefühlsauszeichnungen von Gedanken und Wahrnehmungen, etwas besser zu verstehen, worin das eigentlich problematische Moment liegt. Das Ticken der Uhr ist in erster Linie deswegen eine Störung (und nicht schon an und für sich), weil es durch eine – meist nicht bewußte – negative Gefühlsbrille betrachtet wird. Doch diese Gefühlsbrille wechselt offenbar nach dem Zustand unseres Nervensystems, und was heute noch eine Störung ist, kann morgen schon als belanglos erfahren werden.

Mit dieser Analyse entgehen wir leichter der Gefahr, uns auf ein bestimmtes Urteil zu fixieren und damit in eine Art »Gedankenkäfig« zu geraten, etwa der Art: »Beim Ticken dieser Uhr kann ich nicht meditieren!« Oder: »Wenn jemand nebenan im Zimmer ist, fällt mir das Meditieren zu schwer.«

Sollten Sie in der Meditation von zu großer Angst übermannt werden – was selten vorkommt, aber immerhin möglich wäre –, dann ist es der einfachste Weg, zunächst einmal mit der Übung aufzuhören, noch eine Weile ruhig dazusitzen und dann erst langsam die Augen zu öffnen und seinen gewohnten Tagesaktivitäten nachzugehen. Wiederholen Sie die Übung später, wenn Sie sich ausgeglichener fühlen, ohne irgendeine Form der Erwartung oder »selbsterfüllenden Prophezeiung«, nun müsse dieselbe Angst oder dasselbe Unbehagen noch einmal auftauchen. Behandeln Sie gegebenenfalls auch diese Befürchtung, falls sie sich ungewollt einstellt, wie alle anderen Gedanken: Lassen Sie sie *nichtwertend* und nichts erwartend zu.

• Ihre entspannte Haltung der Angst gegenüber, die Sie nicht in Panik geraten läßt, wird Ihnen schon bald zeigen, daß diese Art des Umgangs mit der Emotion eine befreiende, »kathartische« und verändernde Wirkung hat. Das Angstpotential kann nach und nach abgebaut werden.

Mit der Zeit wird es Ihnen durch diese Haltung gelingen, zunehmend auch anderen unangenehmen Gefühlen gegenüber indifferent zu werden. Ihr Wahrnehmungsfeld erweitert sich. Was Sie früher nie bemerkt hatten, wird nun bewußt einbezogen. Dieser Effekt ist sehr wünschenswert, denn er führt zu einer allgemeinen Desensibilisierung des Bewußtseins, zu einer Entkoppelung eingeschliffener, unzweckmäßiger Reaktionen. Es handelt sich um einen der Hauptwirkungsmechanismen der Bewußtseinsveränderung. Verspannungen psychischer Art werden also durch das Zulassen zunächst *gelöst* und dann verlernt, vorausgesetzt, Sie befolgen korrekt die Regeln des Zulassens.

Es ist allerdings bei sehr starken Emotionen zweckmäßig, weniger in die Emotion oder negative Gefühlsauszeichnung zu sehen, sie nicht anzustarren (wenn auch, ohne sie deswegen schon um jeden Preis ängstlich zu meiden oder wie der Hysteriker zu verdrängen), als auf das eigene Gegenüber des Beobachters in entspannter Haltung zum wahrgenommenen negativen Objekt zu blicken. Anders ausgedrückt: Ihre entspannte Haltung, die zwangsläufig und automatisch durch ernstgemeintes Zulassen entsteht, sollte mit wahrgenommen werden, wenn Sie negative Emotionen erfahren.

- Das ist vor allem bei sehr starken Emotionen wichtig, die bereits Phobien darstellen.

Dann sollte es sich möglichst um eine zweipolige Wahrnehmung handeln: die der Entspannung *und* des angstauslösenden Gegenstandes. Prinzipiell kann sich dabei Ihre Aufmerksamkeit mehr auf die inhaltliche Seite (sofern es sich nicht um echte Angst *ohne* irgendein Objekt handelt, vor dem Sie sich fürchten) oder mehr auf den gefühlsmäßigen, emotionalen Aspekt des wahrgenommenen oder vorgestellten Gegenstandes richten.

Beispiel: Sie haben Angst vor dem Fahrstuhlfahren. Sollte sich diese Angst in der Meditation zeigen, können Sie einerseits auf den Vorgang des Fahrstuhlfahrens blicken, der Angst auslöst, und sich dabei – durch Zulassen – *zusätzlich* in entspannter Haltung als Betrachter dieses angstauslösenden Vorgangs wahrzunehmen versuchen.

Sie können aber auch den emotionalen Aspekt mehr oder weniger isoliert und hervorgehoben betrachten, wobei der auslösende Vorgang in den Hintergrund tritt. Bei einer starken Phobie besteht im letzteren Falle die Gefahr, daß der direkte Anblick der isoliert betrachteten Emotion (also der Angst oder anderer negativer Gefühle) zu mächtig für Sie wird.

Aber auch schon die bloße Vorstellung des angstauslösenden Objekts, ohne daß Sie direkt in die Emotion blicken, kann schwer beherrschbare Reaktionen auslösen.

- *Deshalb ist es bei starken Phobien immer ratsam, einen Verhaltenstherapeuten zu konsultieren.*

Andernfalls würden Sie vielleicht von der negativen Erfahrung übermannt werden und in Panik geraten, aber keinen Bewußtseinszustand erzeugen, in dem man Negativität verlernt oder »abarbeitet«. Je nachdem, zu welchem Schluß Sie Ihre angstvolle Erfahrung in solch einem Fall führt – welcher Interpretation Sie bewußt oder unbewußt am Ende zuneigen: Wenn Sie es bei einer Phobie versäumen, sich zugleich in entspannter Haltung wahrzunehmen, kann sich das negative Gefühl verstärken. Das mag für sich allein betrachtet zwar noch keine Katastrophe sein, denn Sie können Ihren Fehler in der nächsten Übung korrigieren. Aber dazu sollten Sie ein klares Verständnis des Prinzips haben. Sicherer ist auf jeden Fall die Hilfe eines Therapeuten oder erfahrenen Meditationslehrers, der die Rolle negativer Gefühle richtig zu deuten versteht und angemessen mit ihnen umgehen kann.

Auch hier gilt – wie bei allen weiteren Stufen der Meditation – einer der Hauptsätze des Bewußtseins, auf den später noch eingegangen wird: *Was wir sehen, tendiert dazu, sich zu realisieren* (mit gewissen naturgegebenen Einschränkungen, versteht sich).

• Verstehen Sie Ihre Phobie so, daß sie sich verstärken wird – und Ihr angstvolles Erlebnis scheint diesen Eindruck schließlich nahezulegen –, dann droht sie sich tatsächlich zu verstärken.

• Sehen Sie sich dagegen trotz des Angsterlebnisses in entspannter Haltung auf dem Wege des Abarbeitens und Verlernens der Angst, dann wird die Angst verlernt werden und verschwinden.

Und diese Art der Realisierung durch mentale Einstellungen gilt sowohl für das Negative wie für das Positive.

Sehr oft reicht es jedoch aus, Negativa lediglich einen Augenblick lang wahrzunehmen, sie gewissermaßen nur zu »registrieren«. Damit ist der normale Abwehrmechanismus dem Negativen gegenüber unterbrochen, das übertriebene Fluchtverhalten »Weg von ...!« außer Kraft gesetzt und Freiraum für eine Umorientierung geschaffen.

Die Erfahrung zeigt, daß schon dieses einfache Verfahren sehr effektiv sein kann.
Bei weniger starken negativen Gefühlen dürfen Sie jedoch getrost längere Zeit ins Negative blicken – und sollten es sogar bis zu gewissen Graden (soweit es Ihnen akzeptabel und erträglich erscheint), weil dies, wenn es aufrichtig betrieben wird, automatisch in entspannter Haltung geschieht. Ihre Aufrichtigkeit *ist* sozusagen die entspannte Haltung! Hier stellt eine mögliche kurzfristige Verstärkung keine Gefahr dar, sondern trägt im Gegenteil zur Desensibilisierung und Deautomatisierung bei.
Das Problem der Verstärkung entsteht immer durch Vermeidenwollen, durch innere Flucht, durch Aufgeben in Panik, d.h. aber, ohne entspanntes Wahrnehmen. Wirklich relevant wird diese Verstärkung wie gesagt jedoch allenfalls in echten Phobien, weil einfache Angsterlebnisse, die noch nicht zur Gewohnheit geworden sind, bei der zulassenden Haltung keine Gelegenheit haben, sich in der Meditation zu festigen.

• In der Polarität schließen Entspannung und Angst sich gegenseitig aus, so daß die aufsteigende Angst schließlich nachgibt und verlernt wird.

Das ist das bekannte Prinzip der »Desensitivierung« oder »Desensibilisierung«, wie es nach dem Zweiten Weltkrieg von dem südafrikanischen Psychologen Wolpe im Zuge der Verhaltenstherapie eingeführt wurde und seitdem weltweit eingesetzt wird, um Patienten von Phobien zu befreien.

• Ein hochentwickeltes Bewußtsein, so wird sich noch zeigen, verfügt aber genau über jene Haltung und Fähigkeit, den Raum der Wahrnehmung spontaner und unbeabsichtigter negativer Erfahrungen immer weiter auszudehnen, sich immer mehr solchen Phänomenen gegenüber als bloß zulassender Beobachter oder »Zeuge« zu

erleben, soweit sie nicht ohnehin durch praktisches Handeln beseitigt werden können.
Zulassen ist also keineswegs nur eine meditative Haltung, sondern kann und *soll* zur allgemeinen Bewußtseinsverfassung werden.
• Es handelt sich um eines der Hauptcharakteristika des sogenannten »erweiterten Bewußtseins«.
Der Umgang mit dem Negativen wird auf diese Weise freier. Sie sind in der Lage, auch unter Streß zu reagieren und haben einen größeren inneren Handlungsspielraum, weil Sie sich nicht mehr ständig auf der mehr oder weniger bewußten Flucht vor negativen Gefühlen befinden.
Negative Gefühle konditionieren uns zur Flucht und zur Unterlassung oder Aufgabe von positiven Zielen, die wir ohne negative Gefühle vielleicht anstreben würden. Negative Gefühle steuern uns, und diese Steuerung kann durch Wahrnehmung unterbrochen werden. Wir »deautomatisieren« uns. Was früher automatisch war, ist nun bewußt. Das aber bedeutet nichts Geringeres als mehr innere Freiheit!
Gewiß ist es an und für sich wünschenswert, überhaupt keine negativen Gefühle zu erfahren, sofern es sich nicht um notwendige Mittel zur Positivität handelt. Und zweifellos kann die Übung des Zulassens sogar die Wahrnehmung negativer Gefühle verstärken. *Das ist der schmerzhafte Aspekt der Bewußtseinsentwicklung.* Positive Entwicklung ist nicht zum Nulltarif zu haben, wie uns die Werbung, unter anderem auch die Werbung für Transzendentale Meditation, gern glauben machen möchte.
Was heißt Zulassen nun konkret? Genaugenommen sind es zwei, bzw. drei Arten von Einstellungen:
Sie können sich mit einem (oder auch mehreren) Gedanken die *allgemeine* Einstellung geben, genau das zu tun, was innerhalb der Regeln des Zulassens beschrieben wur-

de. Und das Verständnis, daß es sich dabei um nichts Geringeres als die werthafte Struktur Ihrer Erfahrungswirklichkeit handelt, wie wir anhand unserer Analyse der Gefühle erkannt haben, vervollständigt dieses Zulassen erst eigentlich, weil es ihm den richtigen Stellenwert im Leben zumißt.

Diese Art des allgemeinen Zulassens, die nichts forciert und die vermeidet, anhaltend und detailliert ins Negative zu blicken, erlaubt uns jene Leichtigkeit, von der bereits die Rede war. Wir strengen uns nicht an. (Wohingegen das »gezielte Zulassen«, wie unten beschrieben, soweit es unangenehm ist, zwangsläufig ein mehr oder minder großes Maß an Belastung und Anstrengung darstellt.)

Eine solche Regel oder Denkformel wäre, alles, was auftaucht, zuzulassen, ohne auf weitere Einzelheiten einzugehen. Dabei muß diese Regel nicht als sprachliche Formel gedacht werden.

14 **Gezieltes Zulassen**

Sie können sich aber auch auf die verschiedenen Gedanken, Probleme oder Gefühle einstellen, die zugelassen werden sollen. Das mag ein Ärger sein, den Sie hatten und der sich nun wieder einstellt, eine ständige Sorge, ein diffuses Unbehagen, eine angstbesetzte Situation, eine unangenehme Erinnerung usw.

Von den Bedeutungen der Gedanken ist, wie bereits ausgeführt, je nachdem ihr Gefühlsaspekt zu unterscheiden, also das, was den Gedanken »angenehm« oder »unangenehm« macht. Derselbe Gedanke an eine Situation – die exakt gleiche erfaßte Bedeutung – kann einmal mit dem Gefühl des Ärgers erlebt werden und ein andermal ohne diese Gefühlsauszeichnung.

• Beispiel: Wenn wir unser Flugticket verloren haben, stellt der Sachverhalt, daß es sich um einen Wertverlust (den Preis des Tickets) handelt und uns das Mittel, um unser Flugziel zu erreichen, abhanden gekommen ist usw., die *Bedeutung* dar. Das kontingente (»kontingent«: nicht notwendig zuammengehörend, nur faktisch), negative Gefühl, das diesen Gedanken möglicherweise auszeichnet, kann dabei entweder schwach, kaum wahrnehmbar und damit praktisch nicht vorhanden sein. Oder aber, wir werden von sehr starken Gefühlen (Emotionen), wie zum Beispiel Ärger und Sorge, erfaßt.

• Können negative Gefühle in diesem Sinne deutlich identifiziert und negative Gefühlsauszeichnungen klar

von der Bedeutung von Gedanken und anderen Wahrnehmungen unterschieden werden, dann werden auch diese Gefühle und Gefühlsauszeichnungen gezielt zulassend wahrgenommen.
Sollten Sie mit dieser Unterscheidung auf der Wahrnehmungsebene oder mit der Kontingenz der Gefühle auf der intellektuellen Ebene noch Schwierigkeiten haben (z. B. weil sich Ihnen die Richtigkeit der Analyse des Wert- und Gefühlsproblems noch nicht erschlossen hat), dann fahren Sie der Einfachheit halber damit fort, Erfahrungen wie Ärger, Sorge, Unbehagen auf die übliche Weise und ohne weitere Reflexion wahrzunehmen. Dabei wird also zunächst einmal die Unterscheidung von erfaßter Bedeutung und negativer Gefühlsauszeichnung unberücksichtigt gelassen, bis sich Ihre Innenwahrnehmung verfeinert hat.
• Beispiel: Das verlorene Flugticket wird wie gewohnt betrachtet. Die Situation wird nicht analysiert und in ihre Bestandteile Bedeutung und Gefühlsaspekt zerlegt, sondern in der natürlichen Einstellung, zum Beispiel zusammen mit den Gefühlen des Ärgers und der Sorge, wahrgenommen.
Es kann sich aber auch durchaus um positive Wahrnehmungen handeln.
• Beispiel: Sie haben die Hoffnung, daß EQ-Training Ihnen zu einem positiveren Leben mit weniger Destruktivität und weniger negativen Gefühlen verhilft. Und dieser Gedanken fühlt sich gut an oder versetzt Sie in eine angenehme Stimmung.
Lassen Sie auch dieses Positive zu, ohne es festzuhalten! Geben Sie ihm ohne irgendeine weitere Absicht Raum, sich ganz nach seinen eigenen Kräften zu entfalten oder wieder zu verschwinden!
Dabei bewerten Sie es nicht, Sie deuten es nicht und versuchen nichts zu analysieren. Ihre Haltung ist die des

Zeugen, nicht des aktiv Handelnden. Sie stellen Ihre Wünsche zurück, so berechtigt und wünschenswert das, was Sie sich wünschen, auch immer sein mag, und lassen einfach zu, was passiert. So wie es unsere Tendenz ist, das Negative zu fliehen, es zu beschönigen und unsere Augen davor zu verschließen, so ist es auch unsere vorwiegend unbewußte und automatische Neigung, das Positive in seinen verschiedensten Variationen zu suchen, festzuhalten und um jeden Preis zu bewahren.

Ähnlich, wie Sie sich durch die Haltung des absichtslosen Zulassens von Negativem einen größeren inneren Handlungsspielraum verschaffen, gewinnen Sie nun also auch mehr Freiheit durch das Nichtanhaften am Positiven.

• Zulassen ist auch Loslassen. Sie lassen zu, was von allein auftaucht, und Sie lassen das los, was Sie festzuhalten drohen, ob nun eine Fixierung auf das Negative oder eine Verhaftung an das Positive.

Wie wird zugelassen? Sie müssen das Gedachte oder Gefühlte nicht *deutlich* denken oder wahrnehmen, es sei denn, es stellt sich in der Wendung der Aufmerksamkeit ohne Anstrengung von selbst als deutlich ein. Wenn Sie statt dessen den Eindruck haben, Ihre Aufmerksamkeit liege nicht ganz in der Mitte, fast so, als betrachteten Sie Ihr Objekt »aus den Augenwinkeln« und vielleicht seien Sie nebenher sogar mit anderem beschäftigt, so ist das kein Fehler, sondern eine durchaus typische Erfahrung, die Sie zulassen sollten wie alles andere auch (vergl. Sie dazu gegebenenfalls weiter unten Kapitel 22, »Zwei Arten der Aufmerksamkeit«).

Das bedeutet wiederum nicht, daß Sie diese Art der Aufmerksamkeit anstreben.

Was wird zugelassen? *Sowohl der Gedanken- oder Vorstellungs- wie auch der Gefühlsaspekt Ihrer inneren Wahrnehmungen.* Es wird der Gedanke als solcher zugelassen (die Tatsache, daß Sie überhaupt einen Gedanken – irgendeinen Gedanken – haben). Aber auch die inhaltliche Seite, die Bedeutung des Gedankens, darf sich in jede Richtung entwickeln, die sie sich gemäß ihrer eigenen Kräfte sucht. Und dasselbe gilt für den positiven oder negativen Gefühlsaspekt, den der Gedanke je nachdem besitzt.

Unsere Untersuchung der Werterfahrungen erlaubt es hier viel differenzierter zu sehen als üblicherweise. Der Weg nach innen im Verlaufe der Introspektion und Meditation wird also durch die vorausgegangene Analyse der Art und Weise, wie wir werten und was Werte sind, verstärkt und vervollständigt.

Wenn wir einen Gedanken zulassen, dann lassen wir ihn zunächst als bloßes psychologisches Denkgebilde zu und noch nicht zwangsläufig als reale Sache oder Situation. Wir gestatten uns lediglich, einen bestimmten Gedanken zu denken. *Und das bedeutet nicht auch schon, das Gedachte in der Realität zuzulassen.* Die Vorstellung, sein Portemonnaie zu verlieren, ist etwas anderes als der tatsächliche Verlust des Portemonnaies. Sehr oft werden wir aber gar nicht von realen Gefahren, sondern von unseren Gedanken tyrannisiert – von Sorgen, Ängsten, Befürchtungen, Zwangsvorstellungen, Marotten, aus der Luft gegriffenen Bewertungen und Vorurteilen. Hier wird uns das Zulassen von Gedanken, die Indifferenz dem Gedanken gegenüber, deutlich mehr innere Freiheit verschaffen. Wir legen sozusagen den Wahrheitsgehalt des Gedankens oder der Bewertung für einen Augenblick auf Eis.

Und genauso neutral verhalten wir uns wie gesagt gegenüber den Gefühlsauszeichnungen, dem Wertgefühl oder »Gefühlslicht«, in dem Gedanken erscheinen.

Die realistische Einsicht, daß etwas ein Unwert ist, wie zum Beispiel ein Portemonnaie zu verlieren oder Bankrott zu machen, kann natürlich nicht einfach »schöngeredet« werden. Es handelt sich um Unwerte, weil ein verlorenes Portemonnaie oder der finanzielle Ruin aller Wahrscheinlichkeit Werterfahrungen verhindern und Unwerterfahrungen hervorrufen. Doch auch hier gilt: Die Einsicht in den Wertverlust wird nicht allein auf der sachlichen, sondern auch auf der Gefühlsebene wahrgenommen. Das Gefühl ist aber, wie wir gesehen haben, letztlich das »Vehikel« unseres Leidens. Der sachliche Zusammenhang läßt sich oft nicht beeinflussen, wohl aber trifft das zumindest für die Gefühlsauszeichnung des Gedankens in gewissen Grenzen zu.

Dies ist keine leichte Einsicht für den Anfänger. In der Regel wird er, ohne weiter darüber zu reflektieren, den sachlichen Aspekt verteidigen: Aber ein verlorenes Portemonnaie *ist* doch tatsächlich und an und für sich ein Unwert, oder?

Und selbst mit einem kritischen neuen Verständnis des Bewertens wird man unter Umständen dazu neigen, immer wieder in die natürliche, die gewohnte Haltung zurückzufallen. Fast allen unseren Alltagsbewertungen und Werterfahrungen ist die objektivistische Auffassung der Werte zu selbstverständlich, als daß sie mit einigen wenigen Argumenten aus der Welt geschafft werden könnte.

Wir haben einige Mühe darauf verwendet, diesen Mythos zu zerstören.

• *Jede tiefgreifende Bewußtseinsveränderung ist auch eine Veränderung unseres Verständnisses der Werte.*

Dies nicht gesehen zu haben, ist nicht nur ein Fehler unserer gegenwärtigen Auffassung vom Leben in den Geisteswissenschaften, sondern auch ein Hauptkritikpunkt an traditionellen östlichen Meditationssystemen wie Zen und Yoga.

Wenn Sie mit einem Wertverlust größeren Kalibers konfrontiert werden, dürften Ihnen die Argumente für diese Ansicht schnell wieder abhanden kommen. Das ist die Crux jeder theoretischen Diskussion. Es genügt nicht, nur theoretisch zu erfassen. Erst durch die Übung, immer subtilere, bisher unbemerkte Bereiche der uns steuernden Gefühle zu erfassen, werden Sie mehr und mehr nachvollziehen können, daß Sie sich Ihr Leben lang im Irrtum befanden. Sie sind dem »Anschein der Objektivität« auf den Leim gegangen, der sich in den Werten zeigt.
Wie schon gesagt, haben Sie durchaus recht, wenn Sie geltend machen, daß es sich beim Verlust Ihres Portemonnaies um einen tatsächlichen Schaden handelt und nicht um »Einbildung«. Sie verlieren Geld, und Geld ist bekanntlich ein Mittel zu anderen Werten. Doch um unter diesem Verlust zu leiden, genügt nach unserer obigen Definition die bloß sachliche Einsicht nicht. Die sachliche Einsicht erfaßt das, was sie erfaßt: den Sachverhalt, soundso viel Geld verloren zu haben, mit dem man sich dies und das kaufen könnte. Die negative Gefühlsauszeichnung des Gedankens, der Ärger über den Verlust, die schlechte Stimmung, in die er uns versetzt, ist jedoch eine völlig andere Sache. Wir alle kennen Frohnaturen, die unter solchen negativen Gefühlen kaum zu leiden scheinen. Das bedeutet aber, wie wir schon bei der Analyse der Werterfahrungen gefunden haben, die Gefühlsauszeichnung, das Gefühl, das unser Leiden erst ermöglicht, ist kontingent: Es gehört nicht notwendig zur Sache.

• Wahrnehmen und Zulassen dieses kontingenten Aspekts unserer Erfahrung verwandelt ihn oft, schwächt ihn ab oder bringt ihn zum Verschwinden.

Das ist das *Sesam-öffne-dich!* der Bewußtseinsveränderung. Unser zu starkes Anhaften an den positiven Ge-

fühlen und unsere zu starke Abwehr negativer Gefühle fixiert und erhöht das Leiden.
Veranschaulichen Sie sich dies an der Reaktion von kleinen Kindern. Ein Ball mag unbeachtet auf dem Spielplatz liegen. Beginnt ein anderes Kind damit zu spielen, wird er plötzlich wieder interessant. Das Kind, dem der Ball gehört, leidet nun darunter, nicht damit spielen zu können und muß ihn unbedingt wiederhaben, obwohl er vorher nicht beachtet wurde.
Wäre es schon auf jener Entwicklungsstufe des Bewußtseins, bei der es erkennen kann, wie sehr es an seine Gedanken und Gefühle gebunden ist, könnte es sich von ihnen distanzieren und müßte womöglich nicht leiden.
Stellt sich aber trotz unserer inneren Distanzierung das negative Gefühl ein (wie etwa der Neid, die irrationale Angst vor dem Gewitter oder die Furcht zu verarmen), dann ist es nützlich, seine Aufmerksamkeit systematisch und über einen längeren Zeitraum auf den offenkundig übertriebenen Gefühlsaspekt des Gedankens zu lenken, um ihn schließlich zu verlernen oder eine entspannte Haltung zu ihm zu gewinnen, in der seiner Existenz keine so große Bedeutung mehr beigemessen wird.
• Existiert der Wert in unserem Bewußtsein erkennbar nur aufgrund einer kontingenten Gefühlsauszeichnung und haben wir diesen Sachverhalt verstanden, dann sollte es auch möglich sein, sich früher oder später von ihm zu distanzieren – oder aber ihn als zunächst einmal nicht veränderbar anzunehmen.
Halten wir fest: Entspannung und »Entstressen«, Desensibilisierung, Deautomatisierung und ein erweiterter Wahrnehmungsbereich sind die hauptsächlichen Mechanismen dieser Meditationsstufe.
Zulassen und Loslassen kann wegen der entscheidenden Wirkungen auf Ihre Entwicklung, wann immer Sie wollen

und sich psychisch dazu in der Lage fühlen, als selbständige Technik der positiven Bewußtseinsveränderung ausgeübt werden. In dem Fall sollten Sie selbst beurteilen, wieviel Zeit Sie als angemessen empfinden.
Ein anderer wichtiger Punkt ist die Erfahrung, daß Sie sich nach einer solchen zulassenden Meditation oft freier und entspannter fühlen. Sie können sich besser konzentrieren, sind weniger leicht aus der Ruhe zu bringen und reagieren weniger ärgerlich, frustriert oder aggressiv.
Besonders in der *Anfangsphase* der Übungen kann aber auch der umgekehrte Effekt eintreten: Sie fühlen sich besonders gereizt, unsicher oder müde. Solche »Entstressungsphänomene«, die, wie schon gesagt, wohl auf einem Lösungsprozeß tiefer Probleme, Verspannungen oder anderer negativer Energien beruhen, dürfen nun möglichst nicht selbst wieder zum Streß, also zu neuen Belastungen werden. Nehmen Sie diese Anfangsprobleme in derselben Haltung des Zeugen wahr und gehen Sie einfach zur Tagesordnung über.
Jede anderweitige Interpretation wird Sie von der Meditation abhalten und Ihre Entwicklung behindern. Interpretationen laufen oft mehr oder weniger unbewußt ab. Diese Gefahr ist einer der Gründe dafür, daß man gewöhnlich davon ausgeht, solche Techniken seien nur durch einen erfahrenen Lehrer erlernbar. Ob diese Annahme zutrifft, hängt von Ihnen selbst ab. Wenn Sie in der Lage sind, die Regeln umzusetzen, werden Sie auch allein erfolgreich sein.

• Prinzipiell gilt hier jedoch wie für alle weiteren Stufen der Technik: Wenn Sie sich in einer schweren psychischen Krise befinden oder psychisch krank sind, eignet sich keine stark wirkende Technik zur Selbstbehandlung, sondern Sie bedürfen immer der *Hilfe eines Therapeuten oder erfahrenen Meditationslehrers.*

Dabei ist das Problem nicht die Wirksamkeit der Technik, sondern Sie könnten durch unbewußte Fehlsteuerungen, falsche Interpretationen oder angstbesetzte Erlebnisse in eine Krise geraten, die Sie ohne fachkundige Beratung emotional überfordert.
Ebenso können schwere Lebenskrisen wie Trauer, Bankrott, Überbelastung durch Streß Sie körperlich und seelisch in einen Zustand versetzen, in dem gezieltes Aufsuchen und Zulassen eine zu große Belastung darstellt.

• Die Fähigkeit, Schmerzen zu ertragen, ist nicht unbegrenzt. Die Erfahrung zeigt, daß gezieltes Zulassen in Ausnahmesituationen unsere Kräfte überfordern kann.

Wenn Sie diesen Eindruck haben, sollten Sie zur leichten Form des allgemeinen Zulassens zurückkehren, bei der Sie sich nicht auf Details einstellen.

• *Dann sollten Sie unter Umständen auch die Meditationszeit des allgemeinen Zulassens auf eine halbe Minute beschränken.*

Dieser Zeitwert ist durch die Praxis der TM gut erforscht. Das Zulassen, so wirkungsvoll und weitreichend es auch ist, darf nicht seinerseits wieder zu einer Roßkur werden, die Ihre Belastbarkeit in Streßsituationen mindert und Ihre negativen Gefühle verstärkt.
Das sollte Ihnen jedoch keine unnötige Angst machen. Wenn Sie wie viele Menschen an Nervosität, Verspannungen, kleineren Phobien, Verstimmungen, Depressionen durch Desorientiertheit und Sinnkrisen leiden, sollte dieser Weg nach innen genau das Richtige für Sie sein. Ob fremder Rat oder Hilfe nötig ist, können zunächst nur Sie selbst abschätzen.
Unsere Erläuterungen des Zulassens muß man sich nicht in jeder Meditation explizit vor Augen bringen. Es genügt vielmehr, daß dieses Wissen gegenwärtig ist und jederzeit bewußt gemacht werden kann.

Zulassen bedeutet nicht nur, »an nichts zu denken und alles zuzulassen« (obwohl dies als Methode bei der Hinwendung zum Mantra durchaus ausreichen kann und zweckmäßig ist), sondern echtes Zulassen und Loslassen wird wesentlich gesteuert durch die Einsicht, daß es um eine wichtige existentielle Einstellung geht, wenn wir unserem mentalen Dreh- und Angelpunkt, den negativen und positiven Gefühlen, Raum geben. Wir wissen, daß es sich nicht um irgendein marginales psychologisches Faktum handelt, sondern um nichts Geringeres als die Art und Weise, wie wir Wert und Sinn im Leben erfassen.

• Wieviel *Aktivität* und Absicht darf das Zulassen beinhalten?

Es wurde bereits die nützliche Hilfsvorstellung erwähnt, Sie hätten jegliche Aktivität von Ihrer Seite aus eingestellt. Sie seien völlig *inaktiv*. Was sich nun noch in Ihrem Körper und Bewußtsein abspiele, sei allein den frei schaltenden und waltenden Kräften Ihres Nervensystems überlassen. Übrig bleibt dann (sofern Sie nicht einschlafen) nur noch ein inaktiver innerer Zeuge oder Beobachter: Ihr Ich oder »Selbst«.

Das ist jedoch nur *eine* Haltung, die Sie erproben sollten. Die Möglichkeiten der zulassenden Meditation sind damit keineswegs ausgeschöpft. Es kann sogar effektiver sein, ein Minimum an Aktivität einzuführen:

Wird das, was sich im Zulassen zeigt, als Energie verstanden, die – in welcher Form des Gedankens, des Fühlens, der »Nervosität«, der Vorstellung, Empfindung, der inneren Hinwendung oder Abwendung auch immer – je nach der ihr momentan eigenen Dynamik und Kraft zunächst ins Bewußtsein treten, ja geradezu durch ihr Erscheinen »abgearbeitet« werden muß, dann läßt sich dieser Energieabbau, wie die Erfahrung zeigt, noch dadurch intensivieren, daß wir den Prozeß als solchen verstehen und

bejahen. Dieses Bejahen kann in einer allgemeinen Einstellung des Verstehens vollzogen werden, ist aber unter Umständen noch wirksamer, wenn wir die einzelnen auftretenden Symptome – wenn schon nicht durch ständiges, dann doch wenigstens gelegentliches – *bewußtes Mitgehen* verstärken.
Die Aufmerksamkeit begleitet dabei für kurze Perioden durch leicht forcierte, aber nicht-konzentrative Achtsamkeit irgendein Symptom, das Sie einem Lösungsprozeß zurechnen, und kehrt immer wieder auf anstrengungslose Weise zu diesem oder anderen, sich neu einstellenden Symptomen zurück, wie es weiter unten für die Wiederholung von Mantras beschrieben ist (vergl. dazu gegebenenfalls Kapitel 19, »Regeln der Mantrameditation«).

• Eine Haltung ständigen bewußten Mitgehens und Verstärkens ist dem gewöhnlichen Bewußtsein allerdings nicht möglich und sollte auch nicht angestrebt werden, da sie zu Anspannungen führt. So wäre kein Optimum der Ruhe und Entspannung zu erreichen. Durch bewußtes Mitgehen zu verstärken, darf also nicht wiederum zur neuen konzentrativen Anspannung werden. Die oberste Devise ist auch hier immer Leichtigkeit und Mühelosigkeit.

15 **Generalisierendes Zulassen des Negativen**

Eine sehr hilfreiche und besonders wirksame Haltung ist es, generalisierend alle negativen Wertgefühle zuzulassen, die sich an aktuellen Problemen zeigen.

• Beispiel: Sie fühlen sich gelangweilt. Ihr Sessel ist nicht bequem. Sie denken voller Unbehagen daran, daß Ihr Lebenspartner die Meditation ablehnt. Durch das Fenster hören Sie Straßenlärm. Das Ticken der Wanduhr stört Sie. Sie ärgern sich darüber, daß Ihnen Ihr Chef immer noch eine Gehaltserhöhung verweigert. Die Höhe Ihrer künftigen Rente macht Ihnen Sorgen.

Sie lassen all diese Probleme Revue passieren – das mögen ganz unterschiedliche Problembereiche sein – und geben sich die Einstellung, alle negativen Gefühlsauszeichnungen, die in diesen Gedanken und Erfahrungen liegen, wahrzunehmen und zuzulassen. Sie können diese Gefühle sowohl – ohne Anstrengung und Erfolgszwang – aufsuchen, wie sich auch einfach dem Spiel der Kräfte überlassen, die Ihre Gedanken in Gang setzen.

Der Unterschied zum bloßen Zulassen als allgemeiner Einstellung liegt darin, daß Sie Ihre großen Probleme wie beim gezielten Zulassen direkt ansteuern, hier jedoch in möglichst kompakter und umfassender Weise. Der Unterschied zum gezielten Zulassen besteht lediglich darin, daß Ihr Gedanke *alle* momentanen Negativa einbezieht, daß Sie sie gedanklich zusammenfassen und als Ganzes betrachten.

• Beispiel: Nachdem Sie wie oben beschrieben erfaßt haben, daß Sie sich langweilen, daß ihr Sessel drückt, daß Ihr Lebenspartner die Meditation ablehnt, daß der Straßenlärm und das Ticken der Wanduhr Sie stören, daß Ihnen Ihr Chef eine Gehaltserhöhung verweigert und daß Ihnen Ihre künftige Rente Sorgen bereitet, umfassen Sie gedanklich das Gemeinsame in all diesen Problemen – nämlich seinen negativen Gefühlsaspekt – und lassen ihn zu.

Vergleichen Sie dazu gegebenenfalls noch einmal Kapitel 9, »Die Entdeckung unseres mentalen Hauptprinzips«. Dort wird gezeigt, daß Angenehm- und Unangenehmsein der Gefühle die wesentlichen Momente des Gefühls und damit auch unseres Werterlebens darstellen. Ohne diesen Aspekt des Gefühls wären wir lediglich in der Lage »objektive« Zusammenhänge zu erkennen, nicht aber Glück und Unglück zu erleben, Zufriedenheit und Freude oder Angst und Schmerz.

Sie rechtfertigen damit nicht etwa den Unwert, der in Ihren Gedanken erfaßt wird, wenn Sie den Gefühlsaspekt in dieser isolierten Weise zulassen. Sie machen sich über die sachlichen Zusammenhänge keine Illusionen und versuchen nicht, sie hinwegzudiskutieren oder abzuwerten, etwa mit dem Argument, das sei doch alles nicht so schlimm.

Vielmehr fokussieren Sie Ihre Aufmerksamkeit ausschließlich auf den negativen Gefühlsaspekt und betrachten den kleinen oder großen Schmerz, den das negative Gefühl darstellt, in rein zulassender Haltung.

Was passiert bei dieser Einstellung?

Sie erreichen eine gezielte Desensibilisierung. Und das Zulassen wird oft als Erleichterung empfunden. Aber selbst wenn keine Erleichterung zu spüren ist, verschaffen Sie sich damit mehr inneren Freiraum.

Diese Haltung vermeidet es noch gezielter als allgemeines Zulassen, daß Sie sich unnötig anspannen, daß Ihr Alltag und Ihre Träume von den Energien Ihrer Gefühle belastet und daß Sie durch Ihre Probleme abgelenkt werden. Denn nun hat die »fällige Beschäftigung« mit Ihren Problemen auf der Gefühlsebene stattgefunden, und dadurch wird negative Energie abgebaut.

• Damit sind die Probleme zwar sachlich noch nicht gelöst, aber Sie haben genau jenem *Plus an unnötigem Leiden* den Boden entzogen, das in zu starken Gefühlen liegt.

16 Erleichterungserwartungen

Sehr oft werden Sie durch das Zulassen negativer Gefühle eine Erleichterung verspüren. Doch darauf ist nicht immer Verlaß.

• *Vollkommenes Zulassen bedeutet auch, zu akzeptieren, wenn keine Erleichterung eintritt!*

Das ist sicher kein leicht zu praktizierendes Ziel. Wir wollen frei von unangenehmen Gefühlen sein. So ist unsere mentale Programmierung. Und das ist auch eine völlig legitime Absicht. Doch dieser Wunsch darf nicht zu einem uns lebenslang beherrschenden Zwang werden, der unsere Entwicklung behindert.

Unbedingtes Wollen, unnachgiebige Zielvorstellungen, die sich sofort realisieren sollen, starke Wünsche und Verhaftungen *während der Meditation* sind kontraproduktiv. Der Grund für unsere Absicht, von der augenblicklichen Erleichterung möglichst unabhängig zu bleiben, liegt unter anderem darin, daß sich der Nutzen dieser »Enthaltsamkeit« oft erst später einstellt:

• Zulassendes Wahrnehmen von Negativem führt zwar nicht selten zu augenblicklicher Erleichterung – sei es innerhalb der Meditation oder kurze Zeit nach der Meditationssitzung –, doch ist es eine typische Erfahrung, daß einige positive Veränderungen erst über einen längeren Zeitraum deutlich werden.

Ihr Bewußtsein sollte so geschmeidig und flexibel werden, daß es jederzeit wählen kann: Ich akzeptiere das

Problem, bzw. das negative Gefühl, indem ich es einfach als Zeuge wahrnehme, ohne es deswegen bereits gutzuheißen, zu verkleinern oder hinwegzudiskutieren. Ich hafte auch nicht am Negativen, denn meist genügt es durchaus, negative Gefühle nur kurz wahrzunehmen. (Oder aber: Ich handele jetzt oder später, um negative Gefühle zu vermeiden.)

Entscheidend ist, überhaupt zu sehen, was uns steuert. Es scheint für unser seelisches Wohlbefinden äußerst wichtig zu sein, sehr starken und machtvollen Erfahrungen, und das sind nun einmal vorwiegend Gefühle (»Emotionen«), eine gewisse innere Zeitspanne einzuräumen, in der sie sich entfalten können. Dieser Prozeß erinnert ein wenig an einen Computer, der zunächst einiges im Arbeitsspeicher und auf der Festplatte ordnen und erledigen muß, ehe er mit seinen Aufgaben fortfahren kann. Sonst scheint das Unbewußte Gefühle als *unerledigt* zu betrachten, als offene Fragen und ungelöste Probleme, und dieser unerledigte Aspekt behält seine Energie und taucht eventuell später in Form von Ablenkungen und Störungen, von »Nervosität« und Stimmungsschwankungen auf. Oder aber er äußerst sich – dann meist in verwandelter Form – im Traum, um seine Energien abzugleichen.

Verdrängen um jeden Preis und die Augen vor der unangenehmen Realität zu verschließen, können sogar, wie vor allem die Psychoanalyse gezeigt hat, Ursachen für neurotische und pathologische Symptome sein. Deshalb ist es für unsere seelische Hygiene zweckmäßig, eine Bewußtseinshaltung zu üben, die sich vom Diktat sowohl des negativen wie auch des positiven Gefühls befreien kann.

Sie sollten also den Wert der meditativen Haltung des Zulassens – wie übrigens auch aller weiteren Stufen der Meditation – auf gar keinen Fall nur daran messen, ob sie Ihnen augenblickliche Erleichterung verschafft!

• Es ist im Gegenteil gerade ein Kennzeichen der emotionalen Intelligenz, unabhängig von seinen momentanen Gefühlen ein Ziel verfolgen zu können, seien diese Gefühle nun positiv oder negativ.

Genau jene Bewußtseinshaltung, die sich mehr und mehr zu einem echten Realismus bekennen kann, das momentan nicht beherrschbare Negative als das stehenzulassen, was es offenkundig ist, ohne sich über Gebühr darauf zu fixieren und sich andererseits dem Positiven zuzuwenden, ohne übermäßig daran zu haften, wird am Ende obsiegen.

Woran liegt das? Unsere entspannte und bewußte Haltung dem Negativen gegenüber führt dazu, daß wir weniger unter Belastungen leiden.

• Ein bewußt – zulassend und entspannt – wahrgenommener Streß scheint nach aller Erfahrung nicht im selben Maße *additiv* zu wirken wie einer, den wir mehr oder weniger unbewußt erfahren und den wir mit aller Kraft zu vermeiden, zu verdrängen und zu fliehen trachten.

Diese Art von »Streßneutralisierung« dürfte auf demselben psychischen Mechanismus beruhen, der kürzlich an Ratten entdeckt wurde, die wiederholten Stressen in Form von Elektroschocks ausgesetzt wurden. Dabei erhielten zwei Ratten in getrennten Käfigen Schocks gleicher Stärke. In einem der beiden Käfige befand sich jedoch ein Hebel, mit dem eine Ratte die Elektroschocks in beiden Käfigen abschalten konnte. Bei diesem Versuch trug nur jene Ratte bleibende traumatische Wirkungen davon, die nicht über die Möglichkeit verfügte, den Hebel zu bedienen. Der Unterschied in der Wirkung desselben Stresses wird damit erklärt, daß die eine Ratte nicht mehr dem Gefühl der Hilflosigkeit ausgeliefert war, während die andere keine Möglichkeit sah, dem traumatischen Streß zu entgehen.

Zulassen negativer Erfahrungen in entspannter Haltung (»Entspannung im Streß«) ist offenbar jenem Hebel im Käfig vergleichbar, der es der einen Ratte erlaubte, mit weniger Streßerfahrungen davonzukommen.
Entscheidend ist dabei unsere *Interpretation*: Sehen wir uns in absoluter *Hilflosigkeit* der negativen Erfahrung gegenüber, d.h. erscheint sie unausweichlich und zugleich unannehmbar und wird sie mit aller Kraft geflohen, dann verstärkt sich ihre negative Wirkung. Liegt der Streß gar am oberen Ende der Belastungsskala (Todesangst, Vergewaltigung, Folter, Überfall), kann es unter Umständen zu bleibenden Veränderungen in der Psyche und physiologischen Veränderungen im Gehirn und im Nervensystem kommen, wie neuere Untersuchungen gezeigt haben.
Zulassen und Aushalten selbst der größten denkbaren Negativität in entspannter Haltung (oder doch wenigstens unsere Absicht und Annäherung an dieses Ideal) verschafft uns jenen Freiraum, der uns zugleich von der Hilflosigkeit befreit. Wir bleiben weiter die *Handelnden*. Dadurch wird Streß vermindert und die – im Extremfall – chronische Traumatisierung reduziert oder unterbunden.
Anspannung und Anstrengung des »Um-jeden-Preis-Vermeidenwollens« erfordern darüber hinaus Kraft, die lähmend und erschöpfend wirken kann, und fügen der Erfahrung noch eine zusätzliche negative Gefühlsauszeichnung hinzu. Die zu starke Absicht, das Perfektionsstreben und damit vielleicht verbunden das ständige Ungenügen, eine positive Entwicklung zu erreichen, ist ein hemmender Faktor der Bewußtseinsveränderung. Er kann zu einer neuen Belastung, einem weiteren »Streß« werden, der unsere Gefühlslage negativ prägt.
Eine typische und besonders hemmende Form der Absicht und Erwartungshaltung ist auch die Einstellung:

Es wird (oder muß oder soll) immer das gleiche passieren. Jetzt habe ich den richtigen Weg gefunden.
Sie werden in der Meditation unterschiedlichste und ständig wechselnde Erfahrungen machen. Oft entsteht dabei der Eindruck, nun sei die richtige Art und Weise des Zulassens und der unkonzentrativen Achtsamkeit gefunden. In weiteren Meditationen müsse man nur diese Haltung wiederholen, dann trete auch derselbe Effekt ein oder *müsse* oder *solle* eintreten: wie etwa stärkeres Wohlbefinden und größere innere Klarheit, Zentriertheit, Ruhe und Entspannung. Das gilt noch stärker als beim Zulassen für die Mantrameditation, die weiter unten beschrieben wird. Hier sind es vor allem die »Verfeinerungen des Mantras«, die nicht um jeden Preis konzentrativ aufgesucht werden sollen, indem man sich über alle inneren Widerstände hinwegsetzt, es sei denn, solche Verfeinerungen (vergl. dazu später Kapitel 20) stellten sich in einer probeweisen absichtlichen Wendung fast wie von selbst ein.
Zulassen ist zweifellos, wie auch später die Wiederholung des Mantras, eine zielgerichtete Aktivität. Es wäre ein Mißverständnis, hier von vollständiger Absichtslosigkeit zu sprechen. Absicht und Erwartung liegen aber dicht beieinander. Völliges Zulassen, die Reduzierung der Absicht auf ein absolutes Minimum, ist ein schwer zu verwirklichendes Ideal. Unser meditatives Experiment des Zulassens und der Absichtslosigkeit wird also durch ein Minimum an Aktivität keineswegs entwertet. Sondern dieses Minimum ist zunächst einmal technisch notwendig. *Und es kann darüber hinaus in der Meditation als probeweise Haltung eingesetzt werden, die dann zurückgenommen wird, wenn sie keinen Erfolg bringt.* Bewußtes Mitgehen kann die Katharsis und Entspannung fördern – und darf und soll sie durchaus auch verstärken, wenn diese Absicht nicht kontraproduktiv wirkt.

• Was Sie also als Antwort auf die persönliche – und auch in jeder Meditation jeweils andere – Reaktion Ihres Nervensystems entwickeln sollten, ist ein »Schwebezustand« von nicht zuviel und nicht zuwenig Aktivität. Dafür gibt es keine exakten Maßstäbe. Er ist das Geheimnis Ihrer Meisterschaft, die sich erst mit einiger Übung entwickeln kann.
Dagegen führt die stärkere Absicht, den immer gleichen Zustand einer vorausgegangenen positiven Meditation oder sogar Meditationsphase willentlich hervorzurufen, leicht dazu, daß er gerade nicht eintritt. Dann strengen wir uns – oft unbewußt und unabsichtlich – zuviel an.
Dieser mentale Mechanismus weist bereits darauf hin, daß wir mit der Haltung des radikalen Perfektionismus, der immer auch ein zu großes *Anhaften* an den Werten des Lebens darstellt, nicht glücklich werden können.
• *Nichtanhaften,* soweit dies psychisch überhaupt möglich ist, kann daher als eines der vorrangigen Ziele der Bewußtseinsveränderung angesehen werden (vergl. dazu u.a. Kapitel 34).
Zwar trifft es zu, daß durch Üben und Einfühlen in die inneren Zustände eine Entwicklung stattfindet. Doch diese beruht eben nicht auf dem jederzeit verfügbaren »Knopfdruckmechanismus«, jetzt sicher dies oder jenes erreichen zu können. So wie die Aktivität des Traumes sich ihren eigenen Weg suchen muß, um innere Energien abzugleichen, so müssen sich auch die Erfahrungen in der Meditation nach ihrer eigenen Dynamik entfalten. Die überformende Einstellung einer Absicht darf dabei nur eine *probeweise* Leitvorstellung sein, ein »flexibel verstandener Wunsch«, der aufgegeben wird, falls die inneren Widerstände zu groß sind.
Gewiß steht im Hintergrund das Ideal einer positiven Bewußtseinsveränderung. Wir werden nicht gleichgültig

oder lethargisch. Die Werte, wie sie sich in dieser positiveren Verfassung zeigen, werden nicht zu Unwerten oder Belanglosigkeiten. Entscheidend ist jedoch in der zulassenden Meditation, wie wir das Ideal einer positiven Bewußtseinsveränderung auffassen.

Die Überzeugung, nun sein Innen gewissermaßen »in der Tasche zu haben« oder es völlig beherrschbar machen zu wollen, ist bereits Hybris, ist Vermessenheit und das Gegenteil jenes überaus flexiblen Bewußtseins, das mit seiner inneren Dynamik so umzugehen weiß, daß es für sich selbst und die anderen ein Höchstmaß an Positivität erzeugt.

• Alle genannten Faktoren – Absicht, »Sich-augenblicklich-gut-fühlen-Wollen«, Hilflosigkeit, »Um-jeden-Preis-Vermeidenwollen«, Perfektionsstreben und Wiederholbarkeit der Effekte – bedeuten aber letztlich: Negativität wird vermehrt.

Anstrengung sollte nur dann gutgeheißen werden, wenn sie mehr Positivität bewirkt, sei es, weil sie an und für sich als positiv wahrgenommen wird – in unserer Terminologie ist das die »positive Gefühlsauszeichnung« –, z. B. bei sportlicher Belastung, oder weil sie ein nützliches Mittel darstellt, um andere Werte zu realisieren.

Aber nicht nur hat der bewußt zulassend und entspannt wahrgenommene Streß eine weniger belastende Wirkung auf uns (1), sondern seine Wahrnehmung löst darüber hinaus oft die Spannung des negativen Gefühls (2), führt je nach dem momentanen Zustand unseres Nervensystems in die Umschaltung eines Zustandes »ruhevoller Wachheit« (3), desensibilisiert uns auf lange Sicht (4) und verhindert, daß ein unzweckmäßiger Lernprozeß, ein Automatismus entsteht (5). Durch sein bewußtes Erfassen gewinnen wir außerdem mehr Freiheit und inneren Handlungsspielraum (6).

Denn auf ein so starkes mentales Steuerungsprinzip wie den Streß mit seiner negativen Gefühlsauszeichnung reagieren wir fast immer unbewußt mit Vermeiden. Führen wir hier Bewußtheit ein, entsteht mehr Wahlmöglichkeit, uns unabhängig von der negativen Erfahrung zu entscheiden.

Sobald Sie den Wert dieser Haltung dem Negativen und Positiven gegenüber erkannt haben, sobald sie Ihnen zu einer echten – nachprüfbaren – Überzeugung geworden ist, wird sich Ihr Bewußtsein zwangsläufig und kontinuierlich verändern. Sie werden nicht mehr derselbe sein! Und diese Veränderung ist ein bedeutender Zuwachs an Lebensqualität. Sie beruht nicht auf Suggestion, weil Sie an etwas glauben, das gar nicht existiert, sondern auf einer allgemeinmenschlichen psychischen Mechanik. Anfangs werden Sie vielleicht noch sehr oft unbewußt in die alte Vermeidungshaltung zurückfallen. Aber dieser Prozeß läßt sich durch mentale Techniken verkürzen.

Eine Erwartungshaltung, die auf sofortige Besserung abzielt und dabei oft genug auch noch völlig unbewußt bleibt, behindert dagegen den Vorgang der Meditation. Hier wie auch in den anderen Übungen sollten Sie, wie schon gesagt, nichts *unmittelbar* erwarten. Akzeptieren Sie einfach für eine gewisse Probezeit Ihre Annahme, daß der ganze Prozeß Ihnen irgendwann nützen wird. Sie dürfen durchaus von seiner Wirksamkeit überzeugt sein, doch ist Ihr Glaube an die Methode keine unabdingbare Voraussetzung.

Aber erwarten Sie nicht, daß der Nutzen in jedem Moment sichtbar wird.

• Lassen Sie notfalls Ihre Erwartungshaltung, sollte sie sich gegen Ihren Willen einstellen, genauso zu wie jeden anderen Gedanken – aber eben als bloßen Gedanken, nicht als tatsächliche Absicht.

17 Stufe zwei: Körperfühlen

Eine spezielle Art des Zulassens stellt das Körperfühlen dar. Dabei wandert die Aufmerksamkeit für einige Zeit – innerhalb der Fünf-Minuten-Phase des Zulassens – beliebig durch den Körper und »schlüpft« gewissermaßen in ein starkes Gefühl – und hier vor allem in einen Schmerz –, um ihn »auszufühlen«, um ihn in entspannter Haltung wahrzunehmen.

- »Ausfühlen« bedeutet: Sie nehmen das Gefühl in seinem Angenehm- oder Unangenehmsein wahr, ohne es festhalten oder beseitigen zu wollen. Sie verhalten sich ihm gegenüber neutral, als passiver Beobachter. Schweift Ihre Aufmerksamkeit vom Gefühl ab, kehrt sie zwanglos und ohne Tadel auf leichte Weise wieder zu ihm zurück.

Es ist eine verbreitete Erfahrung, daß Sie sehr oft, wenn nicht sogar fast immer, irgendwelche Spannungen oder Schmerzen im Körper finden, vorausgesetzt, Sie fühlen sich sorgfältig in Ihre Organe, Ihre Muskulatur und Haut ein.

Wenn Sie seelische Schwierigkeiten haben, wenn Sie irgendein Problem beschäftigt, werden Sie meist finden, daß es dafür ein körperliches Gegenstück des Gefühls gibt. Solche Körpergefühle sind nicht mit den subtileren Wertgefühlen zu verwechseln, deren Ort eher in den Sinnesempfindungen, Gedanken und Vorstellungen liegt. So sagt man zum Beispiel im Alltag, etwas sei einem »auf den

Magen geschlagen«. Die psychosomatische Medizin, die Lehre von den seelisch-körperlichen Wechselwirkungen, sieht den Zusammenhang von Gedanken und Gefühlen und organischen Beschwerden inzwischen als gesichert an. *Gedanken verursachen biochemische Veränderungen im Körper.* Man kann sich also durch Gedanken auch körperlich schaden, ja im Extremfall sogar umbringen. Die Psychoanalyse vertritt die These der mentalen Beeinflussung des Körpers schon seit ihren Anfängen mit dem Konzept der »Organneurose«. Und Wilhelm Reich spricht vom Muskelpanzer, der ein körperliches Korrelat zur psychischen Abwehrhaltung (in unserer Terminologie: dem »Weg von ...!«) gegenüber negativen Emotionen und zur Verdrängung darstellt.

Umgekehrt werden starke Körpergefühle wie z. B. Schmerzen, gleich welcher Ursache, immer auch Ihren Seelenhaushalt, Ihre Gedanken und Stimmungen beeinflussen. Aus dieser Sicht ist es nicht weiter verwunderlich, daß eine Einflußnahme auf der Körperebene durch systematisches Körperfühlen Ihre mentale Situation verändert. Im Autogenen Training wird dies unter anderem durch Schwere- und Wärmeübungen erreicht.

Wir haben inzwischen unser mentales Hauptprinzip identifiziert und steuern deswegen gleich auf den entscheidenden Faktor zu: das positive oder negative Gefühl. Beim Körperfühlen werden Sie leicht den Eindruck gewinnen, solche Gefühle, ob nun im Nacken, in den Gliedmaßen, im Kopf, in der Brust oder im Bauch, seien eigentlich bereits latent vorhanden gewesen, und die gründliche Zuwendung Ihrer Aufmerksamkeit hebe sie nur deutlicher ans Licht.

Nehmen Sie Gefühle auf der Körperebene zulassend wahr (vergl. dazu gegebenenfalls noch einmal Kapitel 13, »Stufe eins: Zulassen«), dann lassen sich damit Verspannungen abbauen. Beruht der Schmerz auf einer Verkrampfung, so wird sich der angespannte Muskelstrang früher oder später lösen. Das kann sich als Muskelzucken oder als starker Ruck auswirken. Auch ein »Bliss«, ein kurzes Gefühl des Wohlbehagens oder der Erleichterung ist möglich. Doch *warten* Sie nicht darauf, daß das geschieht. Ihre Haltung sollte wie immer möglichst absichtslos sein.

Es ist dabei freigestellt, ob Sie zunächst mit dem Zulassen von Gedanken oder anderen Wahrnehmungen beginnen oder mit dem Zulassen von Körpergefühlen. Sie können Ihrer Aufmerksamkeit die Wahl überlassen.

Wenn Sie starke positive oder negative Körpergefühle in der Absicht des Zulassens wahrnehmen, wandert Ihre Aufmerksamkeit zuerst dorthin. Wenn Sie starke Gedanken beschäftigen, sind es die Gedanken, die zuerst zugelassen werden sollten, gleichgültig ob Sie eigentlich die Meditationsphase des Körperfühlens anstrebten. Wenn sich Vorstellungen, u. U. auch Traumsequenzen, einstellen, geben Sie ihnen den Vorzug.

• Diese Flexibilität der Einstellung ermöglicht Ihnen einen unkonzentrativen Zugang zu Ihren inneren Wahrnehmungen.

In der Transzendentalen Meditation (TM) wird das Körperfühlen nur eingesetzt, wenn man Probleme hat, sich dem Mantra zuzuwenden. Die entscheidende Rolle der Gefühle wird dabei kaum oder gar nicht deutlich. Hier bleibt ein wesentlicher Effekt des Körperfühlens mehr oder weniger ungenutzt.

Beim EQ-Training verwenden wir das Körperfühlen in differenzierterer Form als selbständige Meditationsphase, die entweder allein oder mit den anderen Meditationsstufen ausgeübt werden kann (Stufe drei: Mantrameditation, Stufe vier: Selbstzentrierung, Stufe fünf: Installation von

Gedanken). Körperfühlen ist eine der Hauptstützen jeder schnellen und wirkungsvollen Bewußtseinsveränderung. Dreh- und Angelpunkt und *das eigentliche Problem* ist auch hier wie in jedem meditativen Prozeß – ob bewußt oder unbewußt – vor allem das negative Gefühl, während positive Gefühle zunächst noch eine eher unterstützende und erleichternde Rolle spielen. Weichen wir dieser Einsicht über die zentrale Funktion negativer Gefühle aus, *die zweifellos nicht sehr erfreulich ist,* so werden wir unseren Entwicklungsprozeß zum Positiven behindern. Wir verbleiben in einem Stadium der Unreife und Selbstentfremdung. Vor den Realitäten des Lebens die Augen zu verschließen, ist eine natürliche Neigung, doch sollte uns eine Konfrontation mit negativen Gefühlen auch nicht zu der irrtümlichen Ansicht veranlassen, die Erfahrung des Negativen sei Selbstzweck – sie kann immer nur Mittel zu anderen Werten sein.

»Schmerzen sind ein Zeichen dafür, daß in diesem Bereich etwas nicht in Ordnung ist«, kommentiert ein bedeutender zeitgenössischer Yogi den Prozeß des Körperfühlens. »Wenn der Geist in subtilere Ebenen transzendiert, treten Empfindungen im Körper auf, die Sie bisher nicht bemerkt haben. Wenn Sie Schmerzen spüren, bedeutet das, daß auf dieser Ebene bereits ein Schaden eingetreten ist. Wenn Sie Ihre Aufmerksamkeit auf das schmerzende Gebiet lenken, können Sie Ihre Lebensenergie aussenden und dazu beitragen, daß das für die Gesundheit notwendige Gleichgewicht wiederhergestellt wird. Eines Tages hören die Beschwerden auf, und Sie haben eine sich entwickelnde Krankheit verhütet. Darum erfreuen sich Meditierende einer besseren Gesundheit.«[7]

Bitte lassen Sie sich nicht von solchen Ausdrücken wie »in subtilere Ebenen transzendieren« verwirren. Damit ist zunächst lediglich gemeint, etwas in Bewußtseinsberei-

chen wahrzunehmen, die Ihnen sonst nicht zugänglich waren oder die Sie bisher nicht bemerkt hatten.
Der Ausdruck »Lebensenergie aussenden« ist allerdings ein wenig irreführend, weil er eine bestimmte zusätzliche Aktivität suggeriert. Sie sollten aber in dieser Phase gar nicht darüber nachdenken, ein Ziel wie Gesundheit anzustreben. Das wäre wiederum kein reines Zulassen. Es genügt vollauf, zu wissen, daß diese Art des Körperfühlens gesundheitliche Wirkungen haben kann. In dieser Stufe verwenden wir noch keine weiteren Steuerungsmechanismen (vergl. dazu später Kapitel 31, »Stufe fünf: Installation von Gedanken«).
Was heißt es nun, sich in »subtilere Ebenen« zu begeben? Die Erfahrung zeigt, daß jene Meditation die deutlichsten positiven Wirkungen hat, in der eine *Verfeinerung* der Wahrnehmung eintritt. Wir müssen uns, um dieses innere Phänomen in den Blick zu bekommen, notgedrungen mit einer Metapher behelfen. »Grob« und »fein« sind als Begriffe aus der sinnlichen Welt entlehnt, wie etwa grober oder feiner Sand. In analoger Weise können innere Erfahrungen ebenfalls in grober oder feiner Form erscheinen.
Beim Körperfühlen bedeutet dies, daß unsere Aufmerksamkeit, ohne dabei den Willen einzusetzen, nicht nur den starken Gefühlen Beachtung schenkt, sondern zunehmend in immer subtilere Bereich des Fühlens und Empfindens gelangt, die sich nicht in der Ebene der Probleme und Gedanken, sondern eben auf der Körperebene zeigen. Es scheint, als begäben wir uns damit oft auch zugleich in eine größere räumliche Tiefe des Körpers.
Gefühle können so »fein« sein, daß sie gerade noch an der Grenze des Wahrnehmbaren liegen.
• Bewegt sich nun die Aufmerksamkeit auf dieser subtileren Ebene, steuert sie sie, falls das ohne Anspannung

möglich ist, sogar direkt an, scheinen die Kräfte der Entspannung, der Lösung, Desensibilisierung und Deautomatisierung am größten zu sein.
Diese Beobachtung ist von großer Wichtigkeit für jede Bewußtseinsentwicklung. Neben zumeist östlichen Meditationsexperten war es der amerikanische Psychotherapeut und Philosoph Eugene T. Gendlin, der mit seiner Methode des »Focusing« einen rationalen, psychologischen Weg entwickelte, solche Verfeinerungen für die Therapie zu nutzen.[8] Im Focusing wird bewußt ein Problem aufgesucht und das sich mit ihm einstellende *allgemeinste, feinste, vagste, unbestimmteste* Gefühl zunächst deutlicher gefühlt und danach so lange benannt, bis der Eindruck entsteht, das Problemgefühl (in Gendlins Terminologie der »felt sense«) habe seine adäquate Bezeichnung gefunden. Mit dem Fühlen und Symbolisieren ist dann oft eine Erleichterung und Auflösung des Problems auf der mentalen Ebene verbunden.
In dieser Therapieform wird die positive Bewußtseinsveränderung durch die Wendung der Aufmerksamkeit auf Problemgefühle bzw. auf Unwert- oder Wertgefühle bewirkt (wobei Gendlin selbst diese Termini nicht gebraucht, weil er keine angemessene Psychologie und Philosophie des Gefühls und der Werte entwickelt hat). Das Verfahren bestätigt insofern auf überraschende Weise die hier beschriebene Vorgehensweise. Leider gelang es Gendlin wie auch anderen Psychologen nicht, den allgemeinen Wertcharakter des Phänomens und damit seine umfassende Bedeutung für das Leben über die Therapie und die Bewältigung spezieller Probleme hinaus zu erfassen. So wirksam Focusing im einzelnen auch sein mag, nutzt seine Methode doch nicht annähernd die weiteren Möglichkeiten der Bewußtseinsveränderungen durch verfeinerte Gefühlswahrnehmungen. Andererseits können

wir konstatieren, daß die Symbolisierung von Gefühlen an der Grenze zum Unbewußten auch gegenüber den klassischen Meditationsformen eine außerordentliche Bereicherung darstellt. Gendlins »benannter *felt sense*« ist eine bedeutende Bereicherung auf dem Gebiet der Meditation und der Psychotherapie.

In der Psychoanalyse stützt sich Freud auf die freie Assoziation. Der Patient wird aufgefordert, zu seinen Träumen, Konflikten und neurotischen Symptomen spontane, beliebige Einfälle zu produzieren. C.G. Jung erweiterte das Prinzip um die gerichtete Assoziation. Der Patient äußert sich nun assoziativ zu bestimmten Reizwörtern. In beiden Methoden überwiegt die Diagnose. Ihr Ausgangspunkt sind Bedeutungen, also Gedanken. Gendlin geht stattdessen von Gefühlen aus und versucht ihnen die passenden Bedeutungen zuzuordnen. Und dieser Prozeß ist weniger diagnostisch, obwohl er zweifellos eine wichtige Komponente der Selbsterkenntnis enthält, als vielmehr therapeutisch und *kathartisch*.

Im Autogenen Training geht man dagegen davon aus, daß Beeinflussungen durch körperliche Zustände wie Ruhe, Wärme, Kühle und Entspannung und durch formelhafte Autosuggestionen stattfinden. Die klassische Vorstellung vom Mechanismus der Suggestion nimmt an, daß es sich um die Installierung von Gedanken im Zustande eingeschränkter Aufmerksamkeit handelt. Auf irgendeine Weise, so glaubt man, ist es möglich, den kritischen Geist soweit außer Kraft zu setzen, daß sich das verwirklicht, was in der Suggestion vermittelt wird.

In feineren Bereichen des Bewußtseins, die wir mit der Meditation des Zulassens und Körperfühlens und später noch verstärkt mit der Mantrameditation erreichen, ist dagegen der kritische Geist nicht eingeschränkt, sondern scheint im Gegenteil in erheblichem Maße erweitert

zu sein. Viele Erfahrungen – und eben auch die des Focusing – sprechen dafür, daß diese erweiterte kritische Wachheit, Verfügbarkeit und Kontrolle keine Einbildung ist. Die Achtsamkeit in feineren, tieferen Regionen besitzt größere Kraft und Vitalität, sie ist mehr »bei sich selbst« und damit auch ein wirksameres Steuerorgan.
Anstelle von Suggestionen, wie im Autogenen Training, vermag sie durch direkte kritische Gedanken und mentale Wendungen wie Zulassen, Hin- und Abwenden, Ausfühlen und Annehmen oder – wie beim Focusing – Benennen deutliche Verbesserungen zu bewirken (auf den damit angesprochenen aktiven Teil der Bewußtseinsveränderung im Unterschied zum passiven des Zulassens wird später eingegangen).

- Die Bewußtheit und Selbstzentrierung wächst und die Verfügbarkeit, innere Prozesse wahrzunehmen und zu verändern, steigt deutlich an.

Wer aber diese Verfeinerung in sich zunächst nicht entdecken kann, sollte sich auch nicht entmutigen lassen. Sie ist kein Zeichen für ausschließlich richtige Meditation, sondern eher ein Hinweis darauf, daß sich unser Nervensystem momentan in einer positiveren und entwicklungsfähigeren Verfassung befindet.
Die inneren Erfahrungen und Prozesse wechseln ständig, nur wenig bleibt gleich und wiederholt sich. Das gilt nicht nur für das Körperfühlen, sondern für jede meditative Übung. Und es ist erst recht typisch für die zulassende Meditation, daß wir uns immer wieder anders fühlen und neue Phänomene wahrnehmen. Erst Schritt für Schritt, nach einem Zeitraum, der individuell unterschiedlich ist, werden sich immer deutlicher bestimmte Eigentümlichkeiten der inneren Welt herausheben. Wir erkennen wiederkehrende Strukturen, identifizieren alte Gefühle und Gedanken, innere Hin- und Abwendungen und Fixierun-

gen und automatisch gewordene Verhaltensmuster, und wenn wir erfolgreich sind, weil wir konsequent üben, mögen sich dann auch leichter Phasen der inneren Verfeinerung der Wahrnehmung einstellen und länger anhalten. Unterstützen wir diesen Prozeß, weil wir ihn annehmen und als förderlich erkannt haben, wird er die Tendenz zeigen, sich immer mehr auch außerhalb der Meditation als neue Bewußtseinshaltung durchzusetzen. Und diese neue Bewußtseinshaltung ist freier und verfügt über mehr Flexibilität und Möglichkeiten. Sie kann das Negative dort angehen, wo es sich zeigt.

18 Stufe drei: Mantrameditation

Mit welchen geistigen und mentalen Mitteln, die nicht auf Glauben und Spekulationen beruhen, kann man Leiden vermindern und positive Erfahrungen vermehren? Diese Frage war der Ausgangspunkt unserer Einführung, und unsere Antwort lautete, die Lösung sei ein kritisches, aufgeklärtes Verständnis der Werte und Gefühle – *die längst fällige kopernikanische Wende im Bereich des Wertens und Fühlens* – und die Anwendung dieser Einsichten innerhalb bestimmter mentaler Techniken der Introspektion und Meditation.

• Nun besteht kein Zweifel daran, daß wir individuell in sehr unterschiedlicher Verfassung sind, was unser Bewußtsein und unser Nervensystem anbelangt. Nicht jedem wird es ohne weiteres möglich sein, seine Aufmerksamkeit auf jene subtilen Gefühlszustände zu richten, wie sie sich in den Wertgefühlen zeigen. Starke Emotionen sind allen Menschen zugänglich und geläufig, die feineren Gefühlszustände, die uns in ebenso großem Maße bestimmen, vielleicht erst nach einigem Üben.

Sie mögen theoretisch mehr oder weniger nachvollzogen haben, daß es keine Werte ohne die Positivität und kein Leiden ohne die Negativität der Gefühle geben kann, und trotzdem sind Sie vielleicht nicht zu jener Introspektion fähig, die erforderlich ist, um unsere Einsichten praktisch umzusetzen.

Unter Umständen gehen Ihre Probleme sogar noch weiter, und Sie halten sich für viel zu nervös, um überhaupt längere Zeit systematisch nach innen zu gehen? Sie verspüren ein Unbehagen oder Unruhe, ja womöglich sogar Angst, wenn Sie nach innen blicken?

• Man kann davon ausgehen, daß viele Menschen eine Scheu davor haben, nach innen zu sehen. Der Grund liegt oft in aufsteigenden Ängsten, in Hypochondrie, in der Furcht vor negativen Stimmungsveränderungen oder in der Sorge, spontane, zur guten Gewohnheit gewordene Verhaltensweisen negativ zu beeinflussen.

Im Sinne unserer Beobachtung, daß Stresse additiv wirken – zu viele negative Erfahrungen erzeugen und begünstigen weitere, auch neue und andere negative Erfahrungen – und daß Stresse darüber hinaus zu negativen Lernmustern führen, ist die Scheu vor dem eigenen Inneren jedoch, von latenten Geisteskrankheiten einmal abgesehen, meist keine Verhaltensweise, die zu positiver Entwicklung führt, sondern muß eher als Zeichen einer Fehlhaltung angesehen werden.

• Der Weg aus zu großer Ängstlichkeit vor dem eigenen Innern besteht im Zulassen negativer Erfahrungen innerhalb der Meditation.

Der Weg nach innen ist niemals nur angenehm, sondern spiegelt das gewohnte Auf und Ab und die üblichen Schwierigkeiten des Lebens wider, vor denen wir so gern die Augen verschließen. Einige Menschen kommen »leichter davon«, andere leiden mehr und brauchen länger.

Wenn wir nach einem praktischen Instrument suchen, das den »inneren Dschungel« all unserer lästigen und unzweckmäßigen Gedanken und Gefühle, unserer Skepsis, unserer Launen und Stimmungen und unserer nervösen Abschweifungen zu durchqueren vermag, dann ist das Mantra trotz aller offensichtlichen Eignung (wie zahllose

Meditationserfahrungen seit Jahrhunderten zeigen) sicher am ehesten dem Verdacht ausgesetzt, ein obskures »esoterisches Vehikel« für religiöse, mystische oder okkulte Ambitionen zu sein. Mantras stammen aus den religiösen Traditionen Asiens (vor allem aus dem indischen Veda und dem Tantrismus).

• Es wurde bereits erwähnt, daß wir im EQ-Training von einer metaphysischen Interpretation des Mantras als mentalem Werkzeug absehen.

Religiöser Glaube oder mystische Erwartungen können den Meditationsprozeß sogar in eine völlig andere Richtung lenken, als wir durch unsere an der Realität orientierte Analyse der Gefühle beabsichtigen.

In diesem neutralen Sinne eignen sich Mantras besser zur Veränderung des Bewußtseins als viele andere Meditationsobjekte. Anders als Vorstellungen und Suggestionen, von denen wir hoffen, daß sie sich realisieren, sind Mantras so etwas wie »Steuerungsinstrumente durch den inneren Dschungel«.

Anstatt dem sich stets verändernden Bewußtseinsstrom zu folgen wie im Alltagsbewußtsein, wird die Vielfalt von Gedanken, Gefühlen, Vorstellungen, Empfindungen für einige Zeit durch ein einziges Objekt ersetzt.

• Einfachheit oder reduzierte Mannigfaltigkeit tritt an die Stelle der Vielfalt. Schon dieser simple Umstand hat beruhigende und erholende Wirkung.

Meditation ist immer die forcierte Ausrichtung der Achtsamkeit auf bestimmte Objekte. Solche Objekte können wechseln oder gleich bleiben. Wir können systematisch verschiedenen Gedanken, Gefühlen, Stimmungen, Vorstellungen, Bildern – kurz Bewußtseinsinhalten – folgen bzw. sie als inaktiver Zeuge wahrnehmen, wie das beim Zulassen geschieht. Oder wir können unsere Achtsamkeit, soweit dies nach dem augenblicklichen Zustand unseres Nervensystems möglich ist, auf einen einzigen Gegenstand (z. B. der äußeren Wahrnehmung) oder auf ein sich wiederholendes gleiches Objekt (meist der inneren Wahrnehmung) ausrichten.

Es ist also durchaus möglich, anstelle des Mantras einen anderen Gegenstand zu wählen. Das könnte der Atem, ein Bild, ein Gedanke, ein Satz, eine Formel, eine Suggestion (wie z. B. »Ich bin ganz ruhig«), ein Mandala, die Armschwere, die Muskelentspannung, die Stirnkühle, der Herzschlag, ein Gefühl, eine Körperempfindung usw. sein.

• Was immer benötigt wird, um die Aufmerksamkeit auszurichten, ist ein *Katalysator*, ein Objekt, das eine Reaktion auslöst und das sich wie ein roter Faden durch unsere Erfahrungen zieht.

Von den vielen denkbaren Meditationsobjekten, die als Katalysator dienen können, ist das Mantra, wie die Psychologie der Meditation inzwischen wohl hinreichend bewiesen hat, ein besonders geeignetes Mittel, weil es bereits über seinen Klang und seine rhythmische Wiederholung Wirkungen wie Entspannung und Sammlung fördert und eine besonders deutliche Zentrierung, Reduzierung ablenkender Bewußtseinsinhalte, Vertiefung und Verfeinerung bewirkt. Verfeinerung bedeutet, wie schon ausgeführt, in »tiefer« erscheinende Bereiche des Bewußtseins einzudringen.

Im Kapitel 17, »Stufe zwei: Körperfühlen«, wurde bereits auf das Phänomen der Verfeinerung und die Schwierigkeiten hingewiesen, »verfeinerte Wahrnehmungen« dem Anfänger verständlich zu machen, der in diesem Bereich noch keine Erfahrungen besitzt. Es handelt sich um keinen irgendwie mystisch gearteten Zustand, sondern um einen simplen psychologischen Tatbestand.

Gefühlsauszeichnungen können so »fein« sein, daß sie

gerade noch an der Grenze des Wahrnehmbaren liegen. Bewegt sich nun die Aufmerksamkeit auf dieser subtileren Ebene, dann scheinen die Kräfte der Entspannung, der Lösung, Desensibilisierung und Deautomatisierung größer zu sein als im gewöhnlichen Bewußtsein. Das gleiche gilt auch für Gedanken – und es gilt ebenso für die Wahrnehmung unseres bedeutungslosen Wortklangs, des Mantras. Wenn wir in der Meditation ein Mantra wiederholen, kann es vorkommen, daß die Aufmerksamkeit sich spontan oder auch absichtlich – was nicht mit angestrengter Konzentration gleichgesetzt werden darf – den feinsten möglichen Formen dieses Wortklangs zuwendet. Da das Mantra keine Bedeutung für uns hat und keinen Namen darstellt, da es gemäß unserer Einstellung als weltanschaulich neutral anzusehen ist, gelingt diese Zuwendung wegen der fehlenden Ablenkungen durch Assoziationen leichter als bei einem gewöhnlichen Wort der Alltagssprache. Es sollte daher unwichtig sein, woher unser Wortklang stammt, ob von den Eskimos oder aus der religiösen Tradition Indiens.

Warum können wir bei der Mantrameditation keinen beliebigen anderen Wortklang verwenden?

Im Prinzip wäre das durchaus möglich. Versuche in dieser Richtung werden teils als erfolgreich, teils als weniger wirksam beschrieben. So sind beispielsweise Vokale wie a, u, i, o auch ohne Wort- oder Silbenbildung sehr geeignete Meditationsobjekte. A tendiert dabei durch seinen breiten, offenen Lautcharakter zu mehr Entspannung als i, das eher die Achtsamkeit und Zentrierung fördert. Problematisch sind dagegen je nachdem Konsonanten, weil sie die Anspannung, vor allem im lautbildenden Mundbereich, begünstigen. Wird das Mantra noch im Mundbereich, also auf einer »groben Ebene« gebildet, anstatt – auf der »feineren« mentalen Ebene – nur gedacht zu werden, dann spüren wir die beteiligten Muskelgruppen. Das bedeutet, Muskeln sind aktiv, und Aktivität ist das Gegenteil von Leichtigkeit und Entspannung.

Welche Laute wir benutzen, hängt von ihrer positiven Wirkung ab. Lassen Sie mich daher die Gegenfrage stellen: Warum sollten wir nicht auf bewährte Mantras wie jene aus dem Yoga zurückgreifen, die eine lange Tradition haben und deren Wirkung mehr oder weniger empirisch abgesichert ist?

Selbst wenn hier immer ein Rest des Zweifels bleibt, ob die Wirksamkeit von Mantras nicht vielfach durch religiöse Erwartungshaltungen und Suggestionen verstärkt wird, so deuten doch viele Erfahrungen darauf hin, daß Mantras auch ohne religiöse Einstellungen wirken. Ein Mantra, das durch religiöse, mystische oder anderweitige weltanschauliche Vorstellungen belastet ist, stört im EQ-Training eher den Meditationserfolg.

Denn unsere Meditation dient wie gesagt keinem mystischen Zweck, sondern lediglich dem Ziel, jene innere Zentriertheit, jenes »Bei-sich-selbst-Sein« ruhevoller, kritischer Wachheit zu erreichen, bei dem Sie nicht mehr von einer Fülle von Gedanken und Gefühlen überschattet werden, ein Zustand, in dem Sie sich also nicht ständig verlieren, sondern sich selbst gezielter und erfolgreicher beobachten und mit den Ergebnissen Ihrer neuen Wahrnehmungen positiv umgehen können. Den meisten Menschen ist dieser Bewußtseinszustand – oft in minderen Graden – durchaus vertraut. Sie wissen intuitiv, daß sie sich dann in einer »besseren«, weil angenehmeren und leistungsfähigeren Bewußtseinsverfassung befinden.

Ruhe und Wachheit im Gegensatz zum eingeschränkten Wachzustand hypnotischer Zustände werden dabei nicht durch die vielen religiösen oder metaphysischen Vorstellungen innewohnenden Suggestionen erzeugt (wie z.B.

im »Einklang mit Gott« zu sein oder in den »bewußten Ursprung des Seins« einzutauchen), sondern sie sind das mechanische Ergebnis einfacher mentaler Gesetzmäßigkeiten.

• Dieser Zustand ruhevoller Wachheit ist die Basis für Entspannung und Streßabbau und in den weiteren Stufen dann für eine genauere Introspektion der eigenen Motive, Wünsche, Werte und Gefühle und ermöglicht uns darüber hinaus, positive Tendenzen zu fördern und negative Haltungen und Erfahrungen zu vermindern.

Schlaf führt zwar ebenfalls zu einem hohen Maß an Entspannung und Erholung, doch reicht sein Erholungspotential oft nicht aus. Traum und Tiefschlaf sind unzureichend, wenn es darum geht, alle Probleme zu beseitigen, die sich aus unseren Aktivitäten im Wachzustand ergeben.

19 Regeln der Mantrameditation

Nach der Einleitungsphase des Zulassens und Körperfühlens beginnen wir mit der Wiederholung eines lautlos gedachten bedeutungslosen Wortklangs, dem Mantra.

Wählen Sie aus der folgenden Liste von drei Mantras jenes aus, das Sie intuitiv für am geeignetsten halten: »Sham«, »Shiring«[9] oder »Shiam«.[10]

Sie können das Mantra später wieder wechseln. Aber probieren Sie nicht fortlaufend andere Mantras aus, wenn Sie sich einmal entschieden haben, weil dies die Ausrichtung auf einen einzigen Wortklang stören würde. (Das wäre, als wollten Sie eine frisch gesetzte Pflanze immer wieder ausgraben, um nachzusehen, ob sie schon Wurzeln geschlagen hat.) Und messen Sie die Wirkung des Mantras auch nicht daran, ob es ausschließlich angenehme Effekte hervorruft. Benutzen sie das Mantra einige Zeit lang – Tage, Wochen, Monate, Jahre – ohne irgendwelchen Wunderglauben und ohne übertriebene Erwartungen. Machen Sie nicht automatisch Ihr Mantra dafür verantwortlich, wenn Sie sich schlecht fühlen.

Beachten Sie aber auch, was unten im Kapitel »Mögliche Gefahren der Meditation« über die prinzipiellen Schwierigkeiten jedes Weges nach innen gesagt wird.

Andere bekannte Wortklänge sind Aum, Om, Ram. Wie immer, handelt es sich auch hierbei um Mantras aus der religiösen Tradition. Das Wissen, daß sie aus solchen Tra-

ditionen stammen, ist zweifellos ein kleines Handicap, weil wir unseren Wortklang vollkommen neutral verwenden wollen, ohne irgendeinen Glauben an Gott oder mystische oder okkulte Kräfte. Aber es stellt auch kein zu großes oder unüberwindliches Hindernis dar. Betrachten Sie gegebenenfalls Ihren Argwohn oder Ihre Skepsis im Sinne der Stufe »Zulassen« als einen ablenkenden Gedanken unter anderen Gedanken, dessen negative Gefühlsauszeichnung genauso stehengelassen werden kann wie jedes andere Gefühl.
Das Mantra sollte zweimal täglich etwa 15 Minuten lang lautlos wiederholt werden.
• Eine längere Übungszeit ist anfangs nicht ratsam, weil unser Nervensystem sonst möglicherweise negativ auf das ungewohnte Verfahren reagiert. Der Grund dafür liegt darin, daß das Mantra, wenn es den Regeln entsprechend gebraucht wird, unsere latenten Probleme an die Oberfläche bringt, und zwar als Ablenkungen, wie z. B. Gedanken, Vorstellungen und Gefühle.
Die Form der Mantrawiederholung gleicht dem, was wir in den Stufen »Zulassen« und »Körperfühlen« beschrieben haben. Wir setzen das Zulassen fort und führen zusätzlich die Wiederholung des Mantras ein. Unsere Aufmerksamkeit versucht also nicht durch Konzentration und Anstrengung beim Mantra zu bleiben. Abschweifungen, die sich natürlich und unabsichtlich ergeben, sind kein Fehler. *Wir akzeptieren die innere Dynamik solcher Vorgänge.* Es ist sogar der Sinn unserer Übung, daß dieser Dynamik, soweit sie sich von selbst entwickelt, genügend Raum gewährt wird.
• Wenn wir uns einer Abschweifung, welcher Art auch immer, bewußt werden, kehren wir auf leichte und zwanglose Weise zum Mantra zurück und setzen den Prozeß der Wiederholung fort.

• Sich wegen einer unbeabsichtigten Ablenkung zu tadeln, ist falsche Meditation.
• Wir halten uns auch nicht mit der Analyse von Gedanken auf.

Wir lassen jeden Gedanken, jede Vorstellung, jede Wahrnehmung zu, komme sie von innen oder außen, und kehren auf leichte und natürliche Weise zum Mantra zurück, sobald wir eine Ablenkung bemerken. Die Betonung liegt auf leicht und natürlich. Das schließt auch die Form ein, wie sich das Mantra zeigt. Hauptregel der Mantrameditation:

• *Dem Mantra wird keinerlei Gewalt angetan, es wird ihm keine bestimmte Form und Intensität und kein bestimmter Rhythmus aufgezwungen. Jede Art, wie das Mantra erscheint, wird zugelassen, ob deutlich oder undeutlich, fein oder grob. Wir versuchen nicht, das Mantra deutlich zu denken.*

Unser Verstand gibt gewissermaßen nur den Impuls zum Entstehen des Wortklangs – als drehe man einen Zündschlüssel im Schloß, und der Motor beginnt zu laufen –, läßt aber der Form des Mantras genauso freien Lauf wie jeder anderen Wahrnehmung.

Im Unterschied zu konzentrativen – *unterdrückenden* – Formen der Mantrameditation, in denen wir zu steuern und durch den Willen zu beeinflussen versuchen, erhalten wir mit dieser Methode gewissermaßen ein exaktes Spiegelbild des augenblicklichen Zustands unseres Nervensystems:

Sind wir zerstreut oder leiden wir an Konzentrationsschwierigkeiten, wird die Mantrameditation durch Ablenkungen geprägt sein. »Nervosität« bringt uns dazu, immer wieder das Mantra zu verlieren. Haben wir mit starken Problemen seelischer Art zu kämpfen, wird sich deren Dynamik durchsetzen und die Mantrameditation in diese

Richtung lenken. Fühlen wir uns körperlich schlecht, dann schieben sich unangenehme Körperempfindungen wie z. B. Schmerzen in den Bereich der Aufmerksamkeit. Sind wir ängstlich und hypochondrisch, steigen möglicherweise angstvolle Vorstellungen oder Bilder auf.

• Anders ausgedrückt: Durch unsere einfache, ja fast schon »unschuldige« Absicht, ohne Zwang beim Mantra bleiben zu wollen, wird das provoziert und überdeutlich wie in einem Spiegel sichtbar, was uns zur Zeit bewußt oder unbewußt zu schaffen macht.

Wird es aber sichtbar und wird es so *zugelassen,* wie es sich seinen eigenen Kräften und seiner eigenen Dynamik nach entwickelt, und sind wir willens und fähig, diesen Prozeß mit all seinen möglichen Schwierigkeiten zuzulassen, dann tragen wir negatives Potential ab, erholen und desensibilisieren uns, ja beginnen sogar schon damit, ohne unser bewußtes Zutun und Verständnis schädliche Automatisierungen durch Gedanken, Gefühle und innere Wendungen und Haltungen abzubauen.

Was ist das Geheimnis dieses – in der Tat frappierenden und für unser Leben unerhört wertvollen – Wirkmechanismus?

• Der Abbau unseres negativen Potentials wurde durch Verdrängungen, durch Vermeidenwollen, durch Anspannung und die Ausrichtung auf andere Ziele, durch Nichthinsehen-Wollen, durch instinktive Flucht, durch gedankliche Rationalisierungen, durch Unbewußtheit behindert. Unser Katalysator erlaubt es uns nun dank einer äußerst flexiblen Wendung der Aufmerksamkeit nach den Regeln des Zulassens, daß wir mit unserer so lange vernachlässigten Innenwelt konfrontiert werden können.

Ohne die Absicht, uns dem Mantra als Katalysator zuzuwenden, würden wir möglicherweise einschlafen. Ohne die Haltung des Zulassens befänden wir uns zu oft auf der

Flucht vor negativen Bewußtseinsinhalten. Ohne die Regel, weder an negativen noch an positiven Erfahrungen der Meditation zu haften, wäre eine Distanzierung kaum möglich. Dann wären wir weiterhin in unseren gewöhnlichen Gedanken- und Bewertungsprozessen befangen.

• Eine wichtige Funktionen des Mantras (von mehreren anderen) ist es, Ihre Achtsamkeit auf die eigene Mitte zu zentrieren und Ruhe und eine Reduktion von starken Gedanken zu bewirken.

Wenn diese Zentrierung ohne Konzentration, ohne innere Anspannung und ohne die Haltung des Verdrängens und Unterdrückens und der Flucht vor negativen Bewußtseinsinhalten geschieht, können alle Arten von psychischen Phänomenen ihrer eigenen Dynamik entsprechend frei werden, gleichgültig, ob Sie bereits in einem zentrierten Bewußtseinszustand ruhevoller Wachheit sind oder nur in einem Wust überflutender, Ihr Selbst überschattender Erfahrungen beharrlich und leicht dem Mantra folgen.

• Es kann nicht oft genug wiederholt werden: Leichtigkeit in der Art, wie Sie sich dem Mantra zuwenden, und Leichtigkeit, mit der alle auftauchenden Erfahrungen zugelassen werden, sind ein entscheidender Faktor der Bewußtseinsveränderung. Mögen Ihre Gefühle auch noch so belastend sein: Ihr Umgang mit ihnen – das, was Sie ohne Anstrengung durch Ihre Entscheidung willentlich steuern können – ist es nicht. Wir setzen die Leichtigkeit des Umgangs gegen die mögliche Ablenkung und Schwere der sich einstellenden Phänomene.

Zulassen, zulassende Leichtigkeit und Entspannung sind aber, wie schon ausgeführt, in gewissem Sinne dasselbe. Zulassen und Entspannung sind mental und physiologisch gekoppelt. Ohne Entspannung kein Zulassen, ohne Zulassen keine radikale Entspannung. Der Prozeß der Lö-

sung, Desensibilisierung und Entautomatisierung kann beginnen.
Hier gilt wie bei der Technik des Zulassens eine kleine Einschränkung:
Es wurde bereits erwähnt, daß radikales Zulassen als inaktiver Zeuge nur *eine* Haltung ist, die Sie erproben sollten. Ihre Grundhaltung bleibt die des radikalen Zulassens, doch auf dieser Basis können sie je nach Erfolg *versuchsweise* auch ein geringes Maß an Aktivität einführen, wie sie ja auch bereits für den Impuls, das Mantra zu wiederholen, erforderlich ist. Die Aktivität der Mantrawiederholung bleibt zwar äußerst gering und die *Absicht* des Meditierenden sollte im übrigen dahin tendieren, sich dem Nullpunkt zu nähern. Aber die begleitende Achtsamkeit, die ja durchaus auch schon als minimale Aktivität (im Unterschied zum vollständigen Loslassen des In-den-Schlaf-Sinkens) aufgefaßt werden kann, könnte je nachdem, um welche Art von Energien es sich handelt, noch wirksamer sein, wenn nicht nur jede Form des Mantras zugelassen wird, sondern dieser Prozeß durch »bejahendes Mitwirken« – also weitere minimale Aktivität – verstärkt wird.
Wie beim reinen Zulassen gilt auch für diese Variante: Das Bejahen von Symptomen als Abarbeiten mentaler Energien, die momentan ihren Ausdruck finden sollen und die sich gewissermaßen »totlaufen« müssen – sei es nun im Prozeß des Zulassens generell oder, spezieller, hinsichtlich der Form, wie das Mantra erscheint –, ist je nachdem dann noch wirksamer, wenn wir die einzelnen auftretenden Symptome, wenn schon nicht durch ständiges, dann doch wenigstens gelegentliches *leichtes* und *bewußtes Mitgehen verstärken.*
• Eine Haltung ständigen bewußten Mitgehens und Verstärkens ist dem gewöhnlichen Bewußtsein allerdings

nicht möglich und sollte auch nicht angestrebt werden, da sie zur Anspannung und zum Erlahmen der Aufmerksamkeit führt. So wäre kein Optimum der Ruhe und Entspannung zu erreichen.

Durch bewußtes Mitgehen den Lösungsprozeß des Bewußtseins zu verstärken, darf also nicht wiederum zu neuer konzentrativer Anspannung werden. Die Manipulation des Mantras tendiert in dieser Einstellung also fast gegen null. Die oberste Devise bleibt, wie gesagt, immer Leichtigkeit und Mühelosigkeit.

Von dieser probeweisen zusätzlichen Aktivität des verstärkenden Mitgehens einmal abgesehen, können wir den zweckmäßigsten Meditationsprozeß auch so beschreiben, daß die Aufmerksamkeit je nachdem zwischen der absichtlichen Zuwendung zum Mantra in seinen sich von selbst ergebenden Formen, bzw. zur Verfeinerung des Mantras, und dem Loslassen und Zulassen anderer Erfahrungen pendelt:

- Ist der innere Widerstand zu groß, die negative Anspannung, das negative Gefühl – womöglich sogar der Schmerz – zu stark, oder schieben sich immer wieder andere Gedanken und Wahrnehmungen ins Blickfeld, dann geben wir nach und überlassen uns ohne Kritik diesem Prozeß.

Die Aufmerksamkeit, die auch immer Selbstzentrierung mehr oder minder ausgeprägten Grades ist, d. h. das Wissen um sich selbst, verschwindet dann gegebenenfalls völlig, sie wird von anderen Wahrnehmungen *überschattet*. Hat sich das Bild irgendwann durch Abarbeiten mentaler Energien gewandelt und bemerken wir dies, kehrt die Achtsamkeit wieder zum Mantra, bzw. zur Verfeinerung des Mantras zurück – weicht aber wiederum zurück und verliert sich gegebenenfalls wieder, wenn die mentalen Energien zu stark werden.

• Das rechte Maß zwischen Absicht und Anstrengung, zwischen Zulassen, Loslassen und Zurückweichen zu finden, und diesen Prozeß seinen wesentlichen Prinzipien nach zu verstehen, vor allem aber auch seinen Wert für die eigene Bewußtseinsentwicklung zu erkennen, kann als die eigentliche »Kunst der Mantrameditation« bezeichnet werden.

Wie verhalten wir uns, wenn negative Gefühle bei der Mantrameditation zu stark werden?

Wir haben das Problem bereits beim »Körperfühlen« angesprochen. Wenn Sie den Schmerz betrachten, der ja mehr oder minderen Grades in jedem negativen Gefühl liegt, wenn Sie ihn auf sanfte, möglichst anstrengungslose Weise »ausfühlen«, ihn auf seiner subtilsten Ebene der Wahrnehmung und des Einfühlens zulassen, dann verringert sich sehr oft sein negatives Gefühlspotential oder verschwindet.

• Oft wird diese Wirkung jedoch erst als emotionale Befreiung, als innere Leichtigkeit und positive Grundstimmung *nach der Meditation* spürbar.

Wenn Ihre Absicht dagegen zu stark ist, sich wohl zu fühlen, dann behindern Sie den Prozeß des Einfühlens und der Entspannung, die sich zusammen mit der Wahrnehmung des negativen Gefühls einstellen kann. Es ist diese subtile *Entspannung, vor allem im Bereich des Schmerzes,* die oft zu einer Besserung führt. Erwarten Sie hier jedoch keine Wirkung auf »Knopfdruck«. Schon Ihr Glaube, Sie seien nun im Besitze eines perfekt wirkenden Rezeptes gegen Schmerzen, kann die positive Wirkung beeinträchtigen oder verhindern.

Werden Schmerzen zu stark, dann unterbrechen wir die Mantrawiederholung probeweise und setzen die Technik des Körperfühlens ein.

Sind dagegen Gedanken und Vorstellungen sehr ablen-

kend, dann unterbrechen wir die Mantrawiederholung probeweise und setzen statt dessen die Technik der Betrachtung negativer Gefühle und Gefühlsauszeichnungen von Gedanken ein:
Vorausgesetzt, Ihre Introspektionsfähigkeit reicht bereits weit genug und es können während der Wiederholung des Mantras negative Gefühle und negative Gefühlsauszeichnungen a) von der Bedeutung der Gedanken, b) vom Klang des Mantras, c) von allen anderen Wahrnehmungen klar unterschieden werden, dann werden diese Gefühle und Gefühlsauszeichnungen für einige Augenblicke gezielt zulassend wahrgenommen, falls sie in höherem Maße ablenkend wirken.
Andernfalls lassen wir diese Negativa so zu, wie sie sich gewohnheitsmäßig in der natürlichen und alltäglichen Einstellung zeigen. Das bedeutet: Wir versuchen nicht mit Gewalt, ein Verständnis dieser psychologischen Unterscheidungen zu »simulieren«, falls uns der Unterschied von Gefühlsauszeichnung und Bedeutung noch nicht anschaulich geworden ist.
Der Umgang mit dem Negativen stellt, wie nach unserer Analyse des Wertproblems nicht anders zu erwarten war, den wichtigsten Schlüssel zur Bewußtseinsveränderung dar. Schmerz, körperlicher Schmerz, ist eine der hauptsächlichen Erscheinungsformen des Negativen. Im Hinblick auf das rechte Verhältnis von zulassender Haltung und Aktivität haben wir gefunden, daß ein minimales Maß an Aktivität trotz unserer generellen Einstellung des Zulassens und Loslassens einerseits unabdingbar ist, andererseits aber auch gezielt und verstärkt eingesetzt werden kann. Diese Möglichkeit gilt auch für die Wiederholung des Mantras:
Vorausgesetzt, Sie haben genügend Unterscheidungsvermögen entwickelt, um die negativen Gefühlsauszeich-

nungen Ihrer inneren Wahrnehmungen zu erkennen, dann kann es durchaus eine zweckmäßige Einstellung sein, sich bis zu gewissen Graden leicht konzentrativ an einem wahrgenommenen Schmerz vorüber dem Mantra zuzuwenden.

Haben Sie in der ersten Variante des Verstärkens wie oben beschrieben durch Bejahen unterstützt, daß das Mantra sich in seiner eigenen Form zeigt, so verstärken Sie nun probeweise in der zweiten Variante die Haltung, trotz der Ablenkungen beim Mantra zu bleiben. Die Aufmerksamkeit »mogelt« sich gewissermaßen an den Störimpulsen vorüber.

• Das »rechte Maß zwischen Absicht und Anstrengung« wird hier also in Richtung Anstrengung verschoben.

Es kann sein, daß sich der Schmerz bei dieser Vorgehensweise verändert oder daß er verschwindet. Er kann aber auch bestehen bleiben. Lassen Sie sich nicht davon irritieren, wenn er sich nicht verändert. Akzeptieren Sie diese innere Dynamik, denn daran läßt sich die Haltung üben, auch mit einem wahrgenommenen (nicht verdrängten) und momentan nicht veränderbaren Schmerz zurechtzukommen.

• Die Haltung, trotz eines Schmerzes handlungsfähig zu bleiben und unbeeinflußt von ihm zu wählen, kann als das innere Muster von Willensfreiheit par excellence angesehen werden – denn hier setzt sich die Freiheit gegen ihren eigentlichen inneren Widerstand durch.

Allerdings geschieht auch dies wieder mit Augenmaß und Intuition für unsere maximale Belastung. Wie im Sport, wo Sie ein Gefühl dafür entwickeln müssen, bis zu welcher Grenze Sie Ihren Körper oder einen Muskel strapazieren können, sollten Sie auch bei der *zugleich konzentrativen und entspannten* Hinwendung zum Mantra das richtige Maß finden. Wird die Anspannung zu groß, resultieren daraus leicht Beschwerden wie Kopf- und Nackenschmerzen oder Benommenheit und allgemeines Unwohlsein.

• Sie sollten dieses in Maßen konzentrative Verfahren daher erst erproben, wenn Sie genügend Erfahrung besitzen. Kehren Sie, wenn Sie zu starke Widerstände bemerken, lieber zur normalen Meditationshaltung zurück und lenken Sie Ihre Aufmerksamkeit wieder auf die Leichtigkeit des Zulassens.

• Das leichteste Denken des Mantras wäre die Art, wie sich Gedanken von selbst und auf natürliche Weise einstellen.

Vorübung: Wenden Sie Ihre Aufmerksamkeit auf den eigenen Gedankenfluß. Beobachten Sie, daß Gedanken wie von selbst auftauchen. Sie müssen nichts tun, um einen Gedanken zu denken! Anders als bei der Suche nach einer Problemlösung stellen sich Gedanken auch ohne Ihr Zutun ein. Mit derselben Leichtigkeit und Natürlichkeit läßt sich auch das Mantra denken.

Wie verfahren wir, wenn trotz des Einfühlens, wie oben beschrieben, in der normalen unkonzentrativen Meditation keine Besserung eintritt und der Schmerz für die Rückkehr zum Mantra zu stark ist?

In diesem Fall unterbrechen wir für einige Zeit die Wiederholung und fahren erst wieder damit fort, den Wortklang zu denken, wenn der Schmerz nachgelassen hat. Schmerzen können verschiedene – auch unbekannte – Gründe haben. Nicht selten gilt wohl, was bereits in den Kapiteln »Zulassen« und »Körperfühlen« ausgeführt wurde: daß beim Zulassen latent vorhandene oder diffus wahrgenommene negative Gefühle an die »Oberfläche« des Bewußtseins gelangen. Es ist eine verbreitete Erfahrung, daß Sie sehr oft, wenn nicht fast immer, irgendwelche Spannungen oder Schmerzen im Körper finden,

vorausgesetzt, Sie fühlen sich sorgfältig in Ihre Organe, Ihre Muskulatur und Haut ein.
Anstrengung jeder Art wie Konzentration, Vermeidenwollen negativer Erfahrungen oder die Absicht, das Mantra unbedingt weiterzudenken, oder das Bedürfnis, mit Gewalt feinere – und damit oft auch angenehmere – Stadien des Mantras zu erfahren, können also zu Schmerzen führen. Es ist nicht immer sehr zweckmäßig – weil meist wenig erfolgreich –, den genauen Grund für Schmerzen herausfinden zu wollen. Sollten Schmerzen jedoch, wie hier beschrieben, durch innere Anstrengung entstehen, und sei sie auch noch so gering, werden Sie mit der zunehmenden Entwicklung Ihrer inneren Fühlfähigkeit Ihrer bisher unbemerkten Anspannung schon bald auf die Spur kommen.
Wie verhalten wir uns, wenn negative Gefühle auch nach einer Unterbrechung der Mantrameditation nicht verschwinden wollen?
In diesem (eher seltenen) Fall schließen wir die Meditation mit einer etwa zweiminütigen Phase ruhigen Dasitzens ab.
Eine andere Variante wäre es, bei Abbruch der Mantrameditation die gesamte Meditation mit einer Phase beliebig langen Zulassens und Körperfühlens ausklingen zu lassen. Wenn Sie nicht ohnehin im Liegen meditieren, ist das Liegen hier wirksamer. Sollten Sie dabei einschlafen, dürfen Sie das durchaus als wünschenswert ansehen, weil es zum Spannungsabbau führt. Sollten Sie in einen sogenannten Wachschlaf gelangen, ist es noch effektiver, wenn Sie auftretende Symptome, wie z. B. Traumbilder und Gefühle, zulassend begleiten können.
Oft tritt dann nach der Phase des Zulassens und zulassenden Körperfühlens oder dem Schlaf jene Erleichterung und Befreiung von negativen Gefühlen ein, die innerhalb

der Mantrameditation nicht erreicht wurde. Dies deutet auf eine momentan zu kurze Phase des Zulassens hin: Verspannungen und andere negative Symptome haben sich noch nicht lösen können. Die ablenkenden Faktoren waren zu stark für die problemlose Hinwendung zum Mantra.

• *So, wie Sie die Mantrameditation bei zu starken Problemen beenden, so schließen Sie auch jede normale Mantrameditation nach 15 Minuten Wiederholung mit einer etwa zweiminütigen Phase ruhigen Dasitzens ab, falls sich daran keine weitere Meditationsstufe anschließt.*

Dieser Ausklang der Meditation, bei dem Sie ebenfalls alle Wahrnehmungen zulassen, jedoch ohne ihnen noch irgendeine besondere Beachtung zu schenken, ist wichtig für Ihre folgende Ruhe und Kraft und sollte möglichst nicht übergangen werden. Ihre Haltung ist dabei abwartend und so absichtslos wie möglich.

• Werden Sie dagegen nach der Mantrameditation ohne Pause sofort aktiv, dann könnten Sie sich unter Umständen benommen oder sogar unruhig oder aggressiv fühlen. Vor allem aber kann sich die Erholung, die aus der Meditation resultiert, nicht stabilisieren.

Sollten Sie über einen längeren Zeitraum den Eindruck haben, das Mantra führe – auch nach einem probeweisen Wechsel – ständig zu Schmerzen, kann es zweckmäßig sein, sich einer anderen Entspannungstechnik wie dem Autogenen Training oder der Progressiven Muskelentspannung zuzuwenden. Andauernde Schmerzen sind jedoch eher unwahrscheinlich und beruhen meist auf unbewußten Willensanspannungen.

Es ist für den Anfänger oft sehr schwierig, wenn nicht sogar unmöglich, seine Anspannungen, seine Anstrengungen, das Mantra zu denken und seine Absichten, eine positive Veränderung zu erreichen und sich besser zu fühlen,

als das zu identifizieren, was es ist: eine die Meditation des Zulassens störende Erwartungshaltung. Unter Umständen schärft sich Ihr Blick für das, was Sie tun, erst nach längerer Übungszeit.
Da unsere Technik nicht oder nur wenig kontemplativ ist und Sie gemäß der Regeln des Zulassens, des Körperfühlens und der Wiederholung des Mantras auf dieser Stufe auch nicht gezielt und systematisch versuchen, sich über solche Phänomene klarzuwerden, sind Ihre Beobachtungen und Unterscheidungen bis dahin gewöhnlich so etwas wie ein *Nebenprodukt*.
In der Meditationsstufe »Kontemplation und Unterscheidung« und mit den folgenden Meditationsstufen soll Ihr neuer Begriffsapparat weiter vervollständigt werden.

20 Verfeinerung

Die spontane Zuwendung der Aufmerksamkeit auf feinere Formen des Mantras legt die Möglichkeit nahe, sich auch absichtlich solchen feineren Bereichen des mentalen Raumes zuzuwenden.

Zur Erinnerung: Gefühlsauszeichnungen können so »fein« sein, daß sie gerade noch an der Grenze des Wahrnehmbaren liegen. Bewegt sich nun die Aufmerksamkeit auf dieser subtileren Ebene, dann scheinen die Kräfte der Entspannung, der Lösung, Desensibilisierung und Deautomatisierung größer zu sein als im gewöhnlichen Bewußtsein. Das gleiche gilt auch für Gedanken – und es gilt ebenso für die Wahrnehmung unseres bedeutungslosen Wortklangs, des Mantras.

• Können wir uns ohne Anstrengung den feineren Formen des Mantras zuwenden, dann sollten wir diese Möglichkeit auch nutzen, denn sie bedeutet höheren Kraftgewinn, mehr Zentrierung, tiefere Ruhe und Entspannung und mehr Gelegenheit zur Umorientierung und zum Verlernen unzweckmäßiger Muster auf der Ebene der Gedanken und Gefühle.

Alternativ oder zusätzlich zum Versuch, den Verfeinerungen des Mantras zu folgen, können Sie auch erproben, Ihre Aufmerksamkeit an der *Nahtstelle* des Bewußtseins anzusetzen. Was ist damit gemeint?

Wenn Sie nicht von zu starken Wahrnehmungen abgelenkt werden und die Stille oder Sammlung der Achtsamkeit auf Ihre Mitte (»Selbstzentrierung« – vergl. dazu später Kapitel 27) erleben, können Sie Ihre Aufmerksamkeit auf jenen Grenzzustand lenken, an dem das Mantra noch nicht ist und sich erst durch Ihren Impuls in seinem feinsten Zustand, also so nahe wie möglich am »Nochnichtsein«, realisiert. Auf diese Weise befinden Sie sich näher an der Quelle der Gedanken und am Selbst.

- Wir sollten auch dabei jederzeit flexibel und »wachsam« bleiben, ob die Aktivität nicht zur Anspannung wird, die der Ruhe und Erholung entgegenarbeitet.

Verfeinerungen der Mantrawahrnehmung sind in der Regel angenehm, deshalb folgt die Aufmerksamkeit ihnen mühelos und automatisch. Dies liegt offenkundig an der Anziehungskraft positiver Gefühle, wie wir sie in unserer Analyse der Werte als eine Kategorie *sui generis*, nämlich als die der in sich selbst evidenten Attraktion beschrieben haben.

In der Verfeinerung wird aber noch ein anderes sichtbar: Sie ist das Gegenteil von »Nervosität«, von Streß, von Negativität. Sie ist die größte mentale Ruhe – »ruhevolle Wachheit« –, die denkbar scheint. Wie zahlreiche wissenschaftliche Untersuchungen über Transzendentale Meditation, über Mantrameditation im allgemeinen und verwandte Techniken zweifelsfrei belegen, ist diese Ruhe auch zugleich extreme physische Ruhe. Stoffwechsel, Atmung, Blutdruck, Hautwiderstand verändern sich signifikant in Richtung auf Ruhe und Erholung. Der Blutlaktatgehalt nimmt ab, das Streßhormon Plasma-Cortisol wird reduziert.[11]

Subjektiv entsteht dabei der Eindruck, daß diese physischen Wirkungen sich mit dem erreichten Grad der Verfeinerung verstärken.

- In keinem Zustand scheint es dem Bewußtsein eher möglich zu sein, seine gedanklichen und emotionalen Muster zu erkennen und sich umzuorientieren.

- In keinem Zustand ist die Wahrnehmung auch feinster Gefühlsimpulse und Gedanken, die uns steuern, klarer.
- In keinem anderen Zustand gelingt das Loslassen von Werten und Unwerten leichter.
- In keinem Zustand wächst auf vergleichbare Weise die Beherrschung und positive Beeinflussung des Körpers.
- In keinem anderen Zustand ist die Tiefe der Einsicht in wesentliche Lebenszusammenhänge größer.
- In keinem Zustand ist die Nähe zum Ich, zum »Selbst« deutlicher.

Die Selbstbewußtheit, das »Ganz-bei-sich-selbst-Sein« wird dabei unter Umständen für einige Zeit kontinuierlich, anstatt nur eine intermittierende und begleitende oder das Bewußtsein kurzfristig ganz ausfüllende Wahrnehmung von sich selbst zu sein.

Dies ist kein marginales Phänomen – und auch keine Haltung schädlicher Egozentrik –, sondern die Erfahrung höchster Kraft und Kreativität, die sich nicht nur auf sich selbst richtet, sondern im Gegenteil sogar die Tendenz hat, den anderen Menschen wie selbstverständlich einzubeziehen.

Wer diesen Zustand, und sei es nur gelegentlich, erreicht und zur Genüge »erforscht« hat, weiß, daß es sich dabei um eine optimalere, gesündere, evolutionäre Form des Bewußtseins handelt, und es wird ihm nicht schwerfallen, solche Erfahrungen mit den »Gipfelerfahrungen« zu identifizieren, wie sie in der Psychologie Maslows beschrieben werden.

21 Vorübung: Verfeinerung

Diese Übung gehört nicht zur eigentlichen Meditation, sondern dient nur der Demonstration.

1. Um Ihnen das Prinzip der Verfeinerung zu verdeutlichen, schließen Sie bitte einen Moment lang in bequemer Sitzhaltung die Augen und sprechen Sie innerlich lautlos das Wort »das«.

Wenn Sie es in der sich gewöhnlich automatisch ergebenden Form ohne irgendeine Art von Manipulation sprechen – so wie es sich auf natürliche Weise ergibt –, dann zeigt es sich im Mundbereich sehr nahe der Muskeln, die auch aktiv würden, wenn Sie das Wort laut aussprechen würden. Das Wort »füllt den Sprachraum« ganz aus, es scheint sich ganz dicht beim Sprechorgan zu befinden.

2. Versuchen Sie das Wort nun, anstatt es innerlich zu »sprechen«, nur zu »denken«.

Möglicherweise gelingt Ihnen das nicht auf Anhieb. Manchmal gelingt es besser, manchmal schlechter – mitunter gar nicht.

3. Wenn es nicht gelingt, ist ein deutliches negatives Gefühl im Körper zu finden, meist im Bereich jener Muskeln im Mundraum, mit denen das Wort laut gesprochen werden würde.

Ob Sie das Wort »denken« können, anstatt es nur innerlich zu »sprechen« (was offenbar immer möglich ist), hängt von Ihrem momentanen Zustand ab. Sind Sie sehr

belastet, sehr müde, sehr »verstreßt«, fühlen Sie sich schlecht, läßt sich das Wort in der Regel nur schwer auf der Ebene des Denkens wiederholen.
Es setzt der Verfeinerung, die sich zeigt, wenn Sie es »denken«, einen Widerstand entgegen. Dabei scheint es sich um jene bereits erwähnte Energie meist negativer Gefühlsart zu handeln – die wir »Streß« nennen und die gewissermaßen erst abgearbeitet werden muß, ehe wir »klarersehen«.
Wenn Sie das Wort aber auf dieser Ebene wiederholen können, wirkt es weniger »grob«, ist feiner und »weiter entfernt« im inneren Wahrnehmungsraum. Mit der Wahrnehmung des nur gedachten Wortes sehen Sie zugleich auch eine größere innere Tiefe (im räumlichen Sinne). Außerdem werden mehr feinere Gefühle wie Stimmungen, Gefühlsauszeichnungen von Wahrnehmungen und Gedanken und mehr Körpergefühle sichtbar. Sie fühlen möglicherweise Ihr Ich und nehmen die Form Ihrer Gedanken wahr, die weitgehend unanschaulich und nonverbal sind, obwohl daneben auch viele anschauliche und sprachliche Momente gegeben sein mögen.
In diesem mentalen Bereich ist es leichter möglich, sich seiner inneren Erfahrungen bewußt zu werden, sie zuzulassen, sich von ihnen abzuwenden oder neue Gedanken und Haltungen zu installieren. Wie die Erfahrung über einen längeren Zeitraum zeigt, handelt es sich um einen Zustand größerer innerer Freiheit, Intelligenz und Kreativität. Dieser Prozeß wird durch ein angemessenes begriffliches Verständnis verstärkt.

22 Zwei Arten der Aufmerksamkeit

Es wurde bereits darauf hingewiesen, daß solche Verfeinerungen kein Zeichen für ausschließlich richtige Meditation sind, sondern eher ein Hinweis darauf, daß sich unser Nervensystem zur Zeit in einem positiveren Stadium befindet.

Je nachdem, von welcher Gefühls-, Bewertungs- und Gedankendynamik wir momentan beherrscht werden, kann es sogar zweckmäßiger sein, wenn die Achtsamkeit gar nicht in derart subtile Bereiche gelangt. Wir können diesen Prozeß mit dem Gebrauch eines zu feinen Werkzeugs für eine zu grobe Arbeit vergleichen. Mitunter ist nicht der feine Schraubenzieher des Uhrmachers gefragt, sondern ein wesentlich stärkerer und größerer Schraubenschlüssel.

• *Gelangt die Aufmerksamkeit nicht mühelos in feinere Erscheinungsweisen des Mantras, dann benutzen wir seine rhythmischen Klangeigenschaften.*

Das geschieht in der Regel automatisch und nicht willentlich. Wir sollten aber von dieser Automatik wissen, um sie nicht durch die absichtliche oder unbewußte Einstellung zu behindern, verfeinerte Formen des Mantras erreichen zu wollen, weil deren Wahrnehmung angenehmer ist.

Der Rhythmus ständiger Wiederholung verbunden mit dem Klangcharakter des zwar aktiv und konsequent, aber deswegen noch nicht angestrengt konzentrativ gedachten

Mantras auch *ohne Verfeinerung* führt oft zu dem Ergebnis, daß selbst sehr unangenehme Zustände wie Erschöpfung, Unruhe, Nervosität, Unbehagen, Schmerzen, die noch am Anfang der Meditation aus dem Alltag mitgenommen wurden oder die durch die Einfühlung in den Körper sogar um einiges deutlicher werden, nach und nach abklingen. Der positive Effekt kann während oder nach der Meditation eintreten. Hier zeigt die Mantrawiederholung ihre oft erstaunliche Kraft auf einer anderen Ebene als der Verfeinerung.

- Die grobe Form der Mantrawiederholung kann später in die feine übergehen, muß es aber nicht.

Tritt keine Erleichterung ein, so dürfen Sie dies getrost als Einzelfall betrachten. Die Matrameditation scheint so gut wie immer eine erleichternde und regenerierende Wirkung zu besitzen, auch wenn der Effekt nicht in allen Fällen unmittelbar sichtbar wird.

Wir kommen hier zu einer weiteren Grundthese hinsichtlich der Meditation, die durch die Erfahrung und durch psychologische und physiologische Untersuchungen gut belegt ist:

- So wie eine Anhäufung von Stressen additiv wirkt und zu negativen Erfahrungen und Reaktionen (z.B. Aggressivität, Intoleranz, Müdigkeit, Unproduktivität, schlechter Stimmung, Krankheit) führt, so wirkt umgekehrt auch die Erholung durch Meditation additiv.

Anscheinend wird die positive Wirkung fast ausnahmslos durch falsche Einstellungen behindert:

Wir haben Vorbehalte. Wir haben die Prinzipien der Meditation nicht verstanden oder wieder vergessen. Das ganze Verfahren erscheint uns obskur, wenn nicht sogar okkult. Die Entstressungshypothese wird angezweifelt. Wir befürchten uns zu schaden. Wir lassen nicht wirklich zu. Wir haben eine zu starke Erwartungshaltung. Wir erkennen nicht, welche inneren Formen zugelassen werden können und müssen – und dies sind ja auch je nachdem sehr subtile Gefühlszustände und Gedanken und Hin- und Abwendungen, die uns möglicherweise niemals zuvor in den Blick gekommen waren und die wir vielleicht auch gar nicht sehen *wollten*.

• Eine Störquelle kann auch der Glaube sein, im Grunde müßten wir doch nicht viel wissen, geschweige denn auch noch etwas tun, um das Leben besser zu bewältigen. Der unbefangene, unbeschwerte Umgang mit dem eigenen Inneren, die Konzentration auf die Bewältigung unserer äußeren Aufgaben reichte völlig aus.

Es gibt also offensichtlich verschiedene Wirkmechanismen der Mantrameditation. Das Mantra kann sowohl zum groben wie zum feinen Werkzeug oder Katalysator werden. Seine automatische Funktion hängt von unserem jeweiligen Zustand ab.

An dieser Stelle ist es zweckmäßig, auf eine Eigentümlichkeit des Bewußtseins einzugehen, die bereits im Kapitel 14, »Gezieltes Zulassen«, erwähnt wurde. Nicht jede Achtsamkeit muß im Brennpunkt der Aufmerksamkeit liegen:

Sie brauchen die in der Meditation auftauchenden Gedanken oder Gefühle – also auch das Mantra – nicht *deutlich* denken oder wahrnehmen, es sei denn, unser Wortklang stellt sich in der Wendung der Aufmerksamkeit ohne Anstrengung von selbst als deutlich ein. Jeder Zwang in dieser Richtung wäre kontraproduktiv.

Wenn Sie statt dessen den Eindruck haben, Ihre Aufmerksamkeit liege nicht ganz in der Mitte, fast so, als betrachteten Sie das Mantra »aus den Augenwinkeln«, und vielleicht seien Sie nebenher sogar mit anderen Gedanken beschäftigt, so ist das kein Fehler, sondern eine durchaus typische Erfahrung, die Sie genauso zulassen sollten wie alle anderen Erfahrungen auch.

• Das bedeutet nun umgekehrt nicht, daß Sie diese Art der beiläufigen Aufmerksamkeit willentlich anstreben.

Um uns zu verdeutlichen, worum es sich handelt, ist es nützlich, die übliche Einteilung des Bewußtseins in »bewußt« und »unbewußt« (bzw. auch »vorbewußt«) um mindestens eine wichtige Komponente zu erweitern: das Erlebte, aber nur Mitbewußte, das zwar nicht im Bereich der vollen Aufmerksamkeit liegt, doch deswegen noch keineswegs unbewußt ist.

Beispiel: Schmerzen, etwa Rückenschmerzen, können auch am Rande des Bewußtseins bleiben. Nehmen wir an, Sie steuern Ihr Auto durch den dichten Stadtverkehr. Dann kann es sein, daß Sie Ihre Rückenschmerzen völlig vergessen, weil Ihre Aufmerksamkeit in Beschlag genommen wird. Es ist aber auch möglich, daß Ihre Rückenschmerzen trotzdem noch »durchscheinen« und auf eine vage und schwer beschreibbare Weise weiter erlebt werden. Dann sind sie zwar immer noch bewußt (und nicht unbewußt, also völlig außerhalb des gegenwärtig präsenten Bewußtseinsinhaltes), aber eben auch nicht mehr »in der Mitte« des Bewußtseins, im Zentrum der Aufmerksamkeit.

• Das Mantra kann je nachdem in derselben weniger zentrierten, beiläufigen Weise wahrgenommen werden, und es ist wichtig, diesen Prozeß nicht zu behindern.

Wenn man die Wiederholung des Mantras in dieser Weise zuläßt – vorausgesetzt, es sucht sich seinen Weg selbst –, so zeigt sich schon bald deutlich, daß der Erholungseffekt von der Wahrhaftigkeit unseres Zulassens abhängig ist.

Nach einiger Zeit pendelt sich die Aufmerksamkeit wieder »auf die eigene Mitte« ein, und Sie erkennen, daß irgendeine Art von negativer Energie, die wir »Streß« nennen und die sich gewissermaßen erst »totlaufen« mußte, für Ihre zerstreute Art der Wahrnehmung verantwortlich war.

Es ist für den Anfänger in der Meditation nicht immer sofort erkennbar, in welch vielfältiger Weise ihm dieser Prozeß nützt. Er wird oft nur – kurzschlüssig – nach seiner augenblicklichen Befindlichkeit urteilen. Ist die Meditation oder der Zustand nach der Meditation angenehm, wird er die Technik gutheißen. *Fühlt er sich schlecht, wird er am Wert der Meditation zweifeln.* Erst die Erfahrung über einen längeren Zeitraum macht dann deutlich, in welch hohem Maße mit unserer Technik des EQ-Trainings Negativität abgebaut und Gesundheit und Positivität gefördert werden können. Suchen wir dabei gezielt nach einer bestimmten positiven Veränderung, ist unsere Erwartungshaltung zu groß, genau diese schlechte Angewohnheit, diese Angst, diese Marotte abzulegen, und überlassen wir uns nicht einfach dem Prozeß des Zulassens und der Entwicklung, die sich ihren Weg selbst sucht, dann werden wir oft finden, daß wir unser Ziel nicht erreicht haben. Im positiven Fall tritt dagegen ein typisches anderes Problem auf: Wir vergessen zu leicht, wie schlecht es uns früher ging und welche Probleme wir hatten!

• Sie werden Ihre bessere Verfassung schon bald für selbstverständlich halten und manche Schwierigkeiten in der Vergangenheit verkleinern und abwerten.

Am wenigsten sind davon diejenigen betroffen, die eine genaue Beobachtungsgabe und ein gutes Gedächtnis besitzen. Führen Sie notfalls Tagebuch.

23 Nonverbales, unanschauliches Denken

Um den korrekten Meditationsprozeß zu verdeutlichen, ist es nützlich, auf eine wichtige Eigenart unseres Denkens einzugehen. Wir haben im Verlaufe unserer Einführung oft von »Gedanken« im Unterschied etwa zu »Gefühlen« und »Empfindungen« gesprochen.

Für den Laien wird Denken leicht mit Denken in der Sprache gleichgesetzt. Gedanken sind dann innerlich gesprochene Sätze. Sie mögen vielleicht mit Vorstellungen, zum Beispiel vagen Bildern und Empfindungen oder – beim Eidetiker – auch sehr deutlichen bildlichen Anschauungen einhergehen. Dieser Art von anschaulichem und begrifflichem Denken innerhalb der Sprache, die man üblicherweise für den Normalfall des Denkens hält, wird dann meist die »Intuition« als weniger detaillierteres, weniger explizites, gefühlshaftes Denken gegenübergestellt, das nicht diskursiv zergliedernd ist.

Dies ist jedoch eine sehr begrenzte Auffassung des Denkens, die in der Entwicklung des Bewußtseins zu mancherlei Fehlern und Mißverständnissen führt. Die sogenannte »Würzburger Schule« der experimentellen Denkpsychologie konnte bereits in den Anfängen dieses Jahrhunderts zeigen, daß das Denken größtenteils unanschaulich und mit geringem Bewußtseinsgrad verläuft.

Warum ist das für unser EQ-Training von Bedeutung? Weil, falls wir den Charakter unseres Denkens nicht exakt erfassen, ein großer Teil unserer Gedanken unbewußt

bleiben könnte. Dann bemerken wir viele Motivationen gar nicht, weil unsere vorgefaßte Meinung vom Denken uns nur das sehen läßt, was in unsere Definition und unser begriffliches Wahrnehmungsmuster paßt.
Die Experimente der Würzburger Schule sprechen für den weitgehend unanschaulichen Charakter des Denkens. Nach Karl Bühler sind Gedanken unanschauliche Gegebenheiten, die nicht auf andere Erlebnisse zurückgeführt werden können. Sie stellen daher »letzte Erlebniseinheiten« dar. Ihre Beziehungen werden durch den Sinn des Gedachten hergestellt:
»Zu den nachweisbaren Bewußtseinsinhalten gehören nicht nur Wahrnehmungen und Vorstellungen, d. h. anschauliche Bestandteile. Es lasse sich belegen, daß es im Denken, Sprechen, Wollen erfaßbare Phänomene unanschaulicher Art gebe.«[12]
Gäbe es solche unanschaulichen Gedanken neben Vorstellungen und Worten nicht, dann wäre es kaum verständlich, wieso wir in Gefahrensituationen blitzschnell reagieren können. Hinter jeder intelligenten, nicht nur instinktgesteuerten oder reflexartigen Reaktion, so die naheliegende, ja notwendige Hypothese, steckt Denken. Dieses Denken ist entweder völlig unbewußt, oder aber in irgendeiner Weise »im Bewußtsein«. Ist es im Bewußtsein, dann kann es sich kaum – oder höchstens teilweise – in der Sprache vollziehen, weil die Umsetzung einer Handlungsanweisung (zum Beispiel: »Weiche der rechten Faust deines Gegners beim Boxen aus, indem du blitzschnell deinen Kopf nach rechts bewegst!«) viel zu viel Zeit benötigte, als daß wir schnell genug reagieren könnten. Wir finden ähnliche Sätze bei schnellen Reaktionen auch gar nicht in uns vor, sondern allenfalls beim ruhigen Abwägen, beim bewußten und schrittweisen oder sogenannten »diskursiven« Denken.

• Die Mantrameditation ist eine ausgezeichnete Basis für eine genauere Introspektion der weitgehenden Unanschaulichkeit des Denkens. Dies trifft besonders für die sogenannten »verfeinerten Stadien« der Mantrawahrnehmung zu. Wird dieser mentale Zustand erreicht, dann vermag die Aufmerksamkeit sich leichter auf die Form jener Gedanken zu richten, die neben dem Mantra gegeben sind.

Wir erkennen dann aber auch – und das spielt für unsere Kenntnis der Form, wie sich Gedanken zeigen, eine mindestens genauso wichtige Rolle –, *in welcher Weise Gefühlsauszeichnungen mit solchen nonverbalen, unsprachlich erscheinenden Gedanken zusammengehen.*

Ein Gedanke, der auf einer sehr subtilen Ebene in unsprachlicher Weise gedacht wird und dazu noch eine ebenso subtile Gefühlsauszeichnung positiver oder negativer Art besitzt, muß im Tohuwabohu des Alltags und ohne entsprechende Introspektion zwangsläufig unterschwellig und weniger bewußt bleiben.

• Dann aber liegt die Verwechslung des Wertcharakters, der durch Gefühlsauszeichnungen bestimmt ist, mit der Tatsachenerkenntnis noch ein gutes Stück näher, als sie es ohnehin schon ist.

Diese Verwechslung stellt aber, was die Ursache des Leidens durch unkritisch verstandene Werte angeht, einen ganz entscheidenden Faktor dar.

Der Zustand ruhevoller Wachheit, den wir durch Meditation erreichen, erlaubt es also eher, unsere Aufmerksamkeit vom eigentlichen »Inhalt« des Gedankens, der Bedeutung, abzuwenden und auf seine Form zu richten. Doch diese Fähigkeit schwankt mit der Tagesform. Sie kann zeitweilig sogar unmöglich sein. Es scheint hier einen deutlichen Zusammenhang mit unserem momentanen Streßniveau und dem jeweiligen Erholungszustand zu geben.

Was zeigt nun die Introspektion auf die Form der Gedanken genau?
Gedanken können ohne Repräsentation durch Sprache und bildliche Inhalte auftreten. Der überwiegende Teil des Denkens spielt sich in diesem Medium ab. Wir werden von einem nicht abreißenden Fluß solcher Gedanken beherrscht. Vermeintliche Gedankenleere, wie sie das Zen postuliert, ist in Wirklichkeit nur eine Verminderung von intensiver erlebten, »gröberen« Gedanken. Wird das Ich als Mitte, als bewußtes Zentrum nicht mehr von solchen stärker ausgeprägten Gedanken verdrängt und überschattet, dann ist es uns je nach unserer mentalen Verfassung möglich, wahrzunehmen, daß es keine echte Gedankenleere gibt.

- Daß Gedanken diesen ein wenig obskuren, merkwürdig ungreifbaren und flüchtigen Charakter besitzen, ist für unser Verständnis des meditativen Prozesses deshalb wichtig, weil wir möglichst genau wissen sollten, *daß* wir denken.
- Hat der Gedanke diese reduzierte Bewußtseinsstufe, dann liegt die Gefahr näher, daß wir ihn nicht bewußt bemerken.
- Wir sind aber Opfer oder Nutznießer unserer Gedanken. Wir sind Opfer vermeintlicher Wahrheiten und Werte, die uns in der Form von Gedanken begegnen.

Und wir können möglicherweise nur deswegen nicht in neuer, positiverer Weise mit ihnen umgehen, weil der Bewußtheitsgrad solcher Gedanken zu niedrig ist. Die Schwierigkeit, die unanschauliche Gedanken für den Meditationsprozeß darstellen (wenn auch nicht zwangsläufig darstellen müssen), hat eine Parallele in dem Problem, unsere subtilen Wertgefühle als kontingente Gefühle zu identifizieren. In beiden Fällen handelt es sich um wichtige innere Phänomene, auf die wir unsere Aufmerksamkeit vielleicht erst nach einigem Üben fokussieren können.

- Mantrameditation kann das Bewußtsein insofern erweitern, als solche Gedankenprozesse mehr und mehr bewußt werden.

Dies hängt offensichtlich mit immer weiter verfeinerten inneren Wahrnehmungsprozessen zusammen. Richtet sich die Aufmerksamkeit auf feinere Formen des Wortklangs, dann scheint dies auch die Fähigkeit zu üben, sich selbst in subtileren Bewußtseinsbereichen beim Denken zu erleben. Es ist, als würden nun auch sehr rudimentäre Formen der Gedanken zugänglich, als sei das Bewußtsein im Extremfall sogar in der Lage, der Entstehung von Gedanken zuzusehen.

Dies bedeutet aber nicht mehr und nicht weniger, als den Bereich seiner Handlungsfähigkeit und damit auch seiner inneren *Freiheit* ganz erheblich auszudehnen, weil auf Gedanken in einem früheren Stadium reagiert werden kann.

Im folgenden wird deutlicher werden, mit welchen Mitteln die so herausgearbeiteten mentalen Hauptprinzipien des Bewußtseins zu tiefgreifenden Veränderungen führen.

Bewußtseinsveränderung bedeutet hier, negative Lebenserfahrungen zu reduzieren und positive Erfahrungen zu vermehren. Der Schlüssel dazu sind unsere Gefühle. EQ-Training setzt den Hebel dort an, wo sich Gefühle zeigen. Die Prinzipien ihrer Veränderung sind die bewußte Wahrnehmung, das Verstehen wesentlicher mentaler Prozesse wie des Bewertens, das Zulassen, die Lösung, die Entspannung, die Desensibilisierung und Entautomatisierung negativer Verhaltensmuster.

24 Achtsamkeit

An dieser Stelle ist es zweckmäßig, auf die in vielen Meditationsformen (z.B. Zen, Buddhismus) verbreitete Forderung einzugehen, daß wir einen Zustand ständiger Achtsamkeit sowohl in der Meditation wie auch im Alltag anstreben sollten. Hier ist an eine allgemeine Hebung des Bewußtheitsniveaus gedacht. Ihre Wirkungen werden einerseits darin gesehen, daß dieser Zustand angenehm ist, und andererseits in dem Wert, den Bewußtheit für die Neuorientierung hat.
In diesem Sinne vertritt auch der Psychologe Daniel Goleman im Rahmen seiner vielbeachteten Untersuchungen zur emotionalen Intelligenz die These: »Achtsamkeit im Hinblick auf die Emotionen ist die grundlegende emotionale Kompetenz, auf der andere wie etwa die emotionale Selbstkontrolle aufbauen.«[13] Achtsamkeit ist ein »Grundpfeiler« emotionaler Intelligenz und eine wichtige Voraussetzung für das, was er »emotionale Erziehung« zur Förderung der emotionalen Intelligenz nennt.

- Eine Haltung ständigen bewußten Mitgehens und Verstärkens ist dem gewöhnlichen Bewußtsein jedoch nicht möglich und sollte auch nicht angestrebt werden, da sie zu Anspannung und Erschöpfung führt.

Das gilt sowohl für die Meditation wie auch für das Alltagsbewußtsein. Auf diese Weise wäre kein Optimum von Ruhe und Entspannung oder von Gelassenheit und Kontrolle im Alltag zu erreichen. Allerdings nimmt der Grad der Achtsamkeit durch das EQ-Training auf natürliche und leichte Weise zu. Zwanghafte, angespannte Bewußtheit wäre dagegen kontraproduktiv und könnte ohnehin kaum durchgehalten werden.

In diesem Sinne sind die Appelle Golemans zwar prinzipiell richtig, aber praktisch mit den von ihm angebotenen Mitteln kaum zu realisieren. In der Regel wird die Forderung, Achtsamkeit zu üben, ohne entsprechende Techniken, wie sie hier auch gerade im Hinblick auf Leichtigkeit und Zulassen entwickelt werden, nur in geringen Maßen umsetzbar sein.

- Angestrengte Selbstbeobachtung kann zu einer neuen Hypochondrie und zur Hemmung automatischer Abläufe führen, vor allem, wenn sie auf eine entsprechende negative Persönlichkeitsstruktur trifft.
- Die Meditation des EQ-Trainings bewirkt dagegen eine spontane, fortlaufend genauere Wahrnehmung mentaler Vorgänge – und zwar jeweils, wenn es nach dem inneren Entwicklungstand an der Zeit dazu ist.

25 Zusammenfassung der Meditationsstufen eins bis drei

Vorbemerkung: Diese Anweisung dient nur zur Gedächtnisstütze und als Überblick. Sie eignet sich wegen ihres Stichwortcharakters nicht dazu, die vorausgegangenen Erläuterungen zu ersetzen.

ANALYSE:
Den Meditationsstufen geht im EQ-Training eine Analyse des Wert-, Gefühls- und Sinnproblems voraus, ohne die keine grundlegende Bewußtseinsveränderung zu erzielen ist. Dabei soll je nachdem die Relativität, Subjektivität, Willkür und Beliebigkeit vieler Wertungen erkannt und angemessen mit kontingenten Gefühlsauszeichnungen von Bewertungen umgegangen werden, die Positivität verhindern und Leiden hervorrufen. Der Wertcharakter unserer Erfahrungen ist durch Attraktivität und Antipathie, d.h. Angenehmsein und Unangenehmsein der Gefühle bedingt. Alle anderen Werte können nur Mittel zu positiven Gefühlen oder zur Vermeidung negativer Gefühle darstellen, sonst handelt es sich um bloßes »Wertmeinen«, um »Wertideen«, um Wertfiktionen. Sinn ist lediglich eine Kategorie innerhalb der Werte.

PRAXIS:
Je nachdem, welche positiven oder negativen Wahrnehmungen bei Beginn der Meditation, d. h. nach einer kurzen Phase des Augenschließens, dominieren, ob seelische

und geistige Erfahrungen (z. B. Ärger oder Bewertungen) oder körperliche (z. B. Schmerzen, Wohlbehagen, Unbehagen), entweder zunächst allgemeines Zulassen oder Zulassen auf der Körperebene (Körperfühlen).

I: ZULASSEN: Alle Wahrnehmungen werden zugelassen (Gefühle, Bilder, Empfindungen, Gedanken, Stimmungen usw.), gleichgültig ob positiv oder negativ. Schläft man ein, wird dies ebenfalls ohne Kritik zugelassen (Spannungsabbau, Desensibilisierung, Entautomatisierung).
Innerhalb der ersten Stufe je nach Erfordernis »gezieltes Zulassen« und »generalisierendes Zulassen« (insgesamt fünf Minuten oder wie es nach einiger Erfahrung angemessen erscheint):

- Beim gezielten Zulassen werden belastete Vorstellungen aufgesucht.
- Können negative Gefühle deutlich identifiziert und negative Gefühlsauszeichnungen klar von der Bedeutung von Gedanken und anderen Wahrnehmungen (z. B. in Bewertungen oder bei Sinneswahrnehmungen) unterschieden werden, dann werden auch diese Gefühle und Gefühlsauszeichnungen gezielt zulassend wahrgenommen.
- Beim generalisierenden Zulassen umfaßt der Gedanke alle wichtigen Negativa.

Probeweise anzuwenden: In der Haltung des gezielten Zulassens kann ein Minimum an Unterstützung durch mitgehende Aufmerksamkeit, z. B. bei negativen Gefühlen, die Katharsis erhöhen.

II: KÖRPERFÜHLEN: Einfühlen vor allem in negative Körpergefühle, die dann durch zulassende Achtsamkeit meist deutlicher hervortreten (Spannungsabbau, Desensibilisierung, Entautomatisierung).
Eventuell, falls zugänglich, verfeinertes Fühlen in »tiefe-

ren Räumen« des Körpers: Die Aufmerksamkeit bewegt sich auf subtilste Körpergefühle hin, die an der Grenze der Wahrnehmbarkeit liegen, fühlt sich wiederholt in sie ein und läßt sie ohne Abwehr oder Festhalten und ohne die Absicht, sie zu verändern, zu (»Ausfühlen«).

• *Probeweise anzuwenden:* In der Haltung des Körperfühlens kann ein Minimum an Unterstützung durch mitgehende Aufmerksamkeit vor allem bei negativen Gefühlen die Katharsis erhöhen.

Stufen I und II können auch wechselnd, je nach Eindruck, was angemessener und wirksamer ist, geübt werden.

III: WIEDERHOLUNG DES WORTKLANGS (lautloses Denken des »Mantras«): etwa 15 Minuten in Abständen und in der Form, in der er sich auf natürliche Weise und wie von selbst ergibt; dabei werden wie in den Stufen I und II alle Gedanken und anderen Wahrnehmungen zugelassen (Spannungsabbau, Desensibilisierung, Entautomatisierung).

Die Zuwendung ist nicht konzentrativ und angestrengt, sondern auf leichte Weise zielgerichtet. Hauptkriterien für die richtige Zuwendung zum Mantra sind *Zulassen* aller sich ergebenden inneren Phänomene und *Leichtigkeit.*

Probeweise anzuwenden: Bei der Wiederholung des Mantras kann ein Minimum an Unterstützung durch mitgehende Aufmerksamkeit, in welcher Form sich das Mantra zeigt – vor allem bei negativen Gefühlen – die Katharsis erhöhen.

Probeweise anzuwenden: Erlaubt es unser augenblicklicher mentaler Zustand, sich den feineren Formen des Mantras zuzuwenden, zu denen auch die Gefühlsauszeichnungen des Wortklangs gehören, nutzen wir diese Möglichkeit, bzw. unser Nervensystem sucht diesen Zustand ohnehin automatisch auf, weil er angenehmer ist.

Probeweise anzuwenden: Alternativ oder zusätzlich zum Versuch, den Verfeinerungen des Mantras zu folgen, kann man auch versuchen, die Aufmerksamkeit an der »*Nahtstelle*« des Bewußtseins anzusetzen. Wenn man nicht von zu starken Wahrnehmungen wie Gedanken, Gefühlen und Empfindungen abgelenkt wird und die Stille oder Sammlung der Achtsamkeit auf die Mitte (»Selbstzentrierung«) erlebt wird, kann man seine Aufmerksamkeit auf jenen Grenzzustand lenken, an dem das Mantra noch nicht ist und sich dann erst durch den eigenen Impuls in seinem feinsten Zustand, also so nahe wie möglich am »Nochnichtsein«, realisiert.

- Schweift die Aufmerksamkeit ab und verliert sich in anderen Wahrnehmungen, kehren wir, wenn wir uns dessen bewußt werden, ohne Kritik und Anstrengung zum Mantra zurück.
- Können während der Wiederholung des Mantras negative Gefühle und negative Gefühlsauszeichnungen a) von der Bedeutung der Gedanken, b) vom Klang des Mantras, c) von allen anderen Wahrnehmungen klar unterschieden werden, dann werden auch diese Gefühle und Gefühlsauszeichnungen gezielt zulassend wahrgenommen, soweit sie ablenkend wirken.
- Unwillkürliche Kritik am Abschweifen wird wie alle anderen Gedanken und Wahrnehmungen, soweit sie die Ausrichtung auf das Mantra behindern, für einige Augenblicke zulassend wahrgenommen.
- Weitergehende Kontemplation, z. B. Nachdenken über Probleme, wird auf dieser Stufe nicht angestrebt.
- Wird das Mantra nicht deutlich gedacht oder erscheint es so, als werde es parallel zu anderen Wahrnehmungen wiederholt, lassen wir auch diese Form zu.
- Zeigen sich zu starke negative Gefühle, kehren wir zur Stufe I und II zurück.

• Ist das negative Gefühl (z. B. Schmerz) nicht zu stark, versuchen wir es zuzulassen und uns in der entspannten Haltung des Zulassens mit minimaler Konzentration an diesem Negativum »vorüber« wieder dem Mantra zuzuwenden.
• Bleibt der negative Gefühlszustand über längere Zeit zu stark, wird die Meditation abgebrochen. Ausklang für etwa zwei Minuten mit geschlossenen Augen ruhig dasitzend oder im Liegen. Wahlweise statt dessen Ausklang durch Zulassen und Körperfühlen.
• Schlafen wir während der Wiederholung des Mantras ein, nehmen wir nach dem Aufwachen noch für kurze Zeit (maximal 15 Minuten) das Mantra wieder auf.
• Nach der Mantrameditation, soweit die Meditation nicht mit weiteren Stufen fortgesetzt wird: Ausklang (etwa zwei Minuten) mit geschlossenen Augen und ruhigem Dasitzen oder Liegen.

Mit den Stufen eins bis drei ist der eher passive und zulassende Teil des EQ-Trainings abgeschlossen, bei dem die steuernden Aktivitäten auf ein Minimum beschränkt bleiben. In den weiteren Übungen dominiert auf der Grundlage der erreichten Selbstzentrierung, Ruhe, Wachheit, Verfeinerung und Beeinflußbarkeit innerer Wahrnehmungen der aktive Teil mit dem Ziel positiver Veränderungen.

26 Unser emotionales System

Für die Veränderung des Bewußtseins ist es entscheidend, zu verstehen, daß Werterfahrungen von der Positivität und Negativität des Gefühls abhängen, um diese fundamentale Einsicht dann mit entsprechenden mentalen Techniken im EQ-Training zur Optimierung positiver Erfahrungen und zur Reduzierung von Negativem einsetzen zu können.
Allerdings haben wir Werterfahrungen bisher vorwiegend isoliert betrachtet. Dieses Objekt, diese Handlung, dieser Gedanke, diese Denkungsart ruft jene Emotionen, Gefühle, Stimmungen und Körperbefindlichkeiten hervor.
Beispiel: Jemand beleidigt uns (Handlung), und wir sind verärgert (Emotion). Unser Ärger kann uns auf den Magen schlagen und Übelkeit hervorrufen (Körperbefindlichkeit) und unsere Laune verschlechtern (Stimmung).
Es ist aber von großer Bedeutung, zu sehen, daß scheinbar isolierte Objekte, wie es u. a. auch Wert- und Unwerterfahrungen sind, oft im Zusammenhang mit dem Ganzen unseres Bewußtseins stehen.

- Werterfahrungen und andere Faktoren können andere Werterfahrungen hervorrufen oder verändern.
- Ursachen und Bedingungen für Werterfahrungen können verborgen sein. Ändern wir diese Faktoren, verändern sich auch unsere Wert- und Gefühlserfahrungen.

Ein bestimmter Faktor oder Wert kann andere Werterfahrungen, Werturteile, Gefühle und Stimmungen hervorrufen, beherrschen oder beeinflussen. Er tritt dann nicht einfach zur Situation hinzu als das, was er isoliert betrachtet ist, sondern übt eine zusätzliche Wirkung aus, ist aber als Ursache nicht immer klar erkennbar.

In der Trauer etwa färbt die negative Stimmung auch andere Werterfahrungen negativ ein und verändert oder unterdrückt sie. Wir sind nicht nur traurig, sondern vielleicht auch lustlos und antriebsarm. Was uns sonst Spaß machte, was wir interessant, begehrenswert, witzig, unterhaltsam, ästhetisch usw. fanden, hat seine gewohnte emotionale Attraktivität verloren.

Beispiel: Unser Lebenspartner ist gestorben, und der gewohnte Skatabend, den wir immer als sehr unterhaltsam empfunden haben, erscheint uns nun langweilig und uninteressant.

Fühlen wir uns körperlich überanstrengt und müde, so verschieben sich ebenfalls andere Wertwahrnehmungen. Man ist zu erschöpft, zu müde, um sich zu freuen, man ist lustlos oder desinteressiert, obwohl man weiß, daß die Reaktion im ausgeruhten Zustand anders wäre. In einer Katerstimmung mit entsprechenden unangenehmen Körpergefühlen kann das Nachdenken über etwas, das uns belastet, einen deutlich negativeren Gefühlscharakter bekommen und sich zu quälender Unruhe oder sogar Panik steigern. Sorgen, so ein geflügeltes Wort, »liegen einem auf der Seele«, was offenkundig bedeutet, daß nicht nur der isolierte Gedanke mit seinem negativen Gefühl an das, was uns Sorgen bereitet, die Sorge repräsentiert, sondern daß die Sorge eine Senkung des gesamten Gefühls- und Stimmungshintergrundes bis hin zur Vitalität hervorrufen kann.

Frustration begünstigt bekanntlich aggressive Reaktionen. Bei Menschen, denen wir deswegen vielleicht sogar eine psychopathische Veranlagung zuschreiben, finden wir oft, daß eine »Winzigkeit« geradezu eine Lawine von negativen Emotionen auslösen kann. Umgekehrt können positive Erlebnisse unseren Stimmungshintergrund und unser Selbstgefühl anheben.

• Das alles sind Belege für die Abhängigkeit einzelner emotionalen Faktoren untereinander und vom psychischen Ganzen.

Darüber hinaus wirken positive und negative Erfahrungen additiv, wie schon am Beispiel des Stresses ausgeführt wurde. Zu hohe Belastungen über einen längeren Zeitraum können beispielsweise in eine Erschöpfungsdepression führen.

• Von besonderer Bedeutung für unsere Bewußtseinsentwicklung ist dabei die Beobachtung, daß Faktoren, die Gefühle auslösen, *unbekannt* bleiben können – anders als bei gewöhnlichen Wertwahrnehmungen, die aus einer Einheit oder direkten Folge von Objekt und Gefühl bestehen.

• Der Zusammenhang zwischen Ursache und Wirkung läßt sich dann nicht immer eindeutig herstellen.

Beispiel: Ihr Chef hat Sie den ganzen Tag über kritisiert – zu Unrecht, davon sind Sie überzeugt! Abends treffen Sie sich mit Ihrer Freundin, aber anders als sonst macht Ihnen das Treffen überhaupt keinen Spaß. Sie entdecken plötzlich viele Kleinigkeiten an ihr, die Sie stören. Überhaupt ist die Atmosphäre »geladen«, Sie sind gereizt. Vielleicht gelangen Sie ja zu der Vermutung, daß dies daran liegt, wie Ihr Chef Sie heute behandelt hat. Doch nicht immer lassen sich für Ihre veränderten Gefühle leicht Erklärungen finden.

In solchen Fällen sind wir auf Deutungen und Interpretationen angewiesen, was die Gründe für unseren gegenwärtigen Bewußtseinszustand anbelangt.

Abgesehen davon, daß viele Wertgefühle ohnehin nur

erlebt, d. h. kaum bewußt und explizit wahrgenommen werden (vergl. Kapitel 22 über den Begriff des »Mitbewußten«), wird oftmals nicht erkannt, welche Folgen scheinbar isolierte Faktoren für unseren Seelenhaushalt haben.

• Es ist eine der wichtigsten und folgenreichsten Entdeckungen für die Entwicklung unseres Bewußtseins, daß wir, wenn wir das Maß unserer positiven Lebenserfahrungen vermehren und negative Erfahrungen vermindern wollen, ein neues Gespür dafür entwickeln und sorgfältig auswählen müssen, für welche Werte wir uns entscheiden.

In diesem Sinne ist es berechtigt, von einem »emotionalen System« zu sprechen, dessen Ganzheit von förderlichen oder schädlichen Faktoren in Richtung auf Glück oder Leiden beeinflußt wird. Um ein System handelt es sich deswegen, weil es nach erkennbaren Gesetzmäßigkeiten funktioniert und seine einzelnen Elemente nicht einfach nebeneinander stehen, sondern das Hinzufügen und Wegnehmen einzelner Komponenten zu einer veränderten Qualität des Ganzen bzw. zu veränderten Gefühlen in anderen Bereichen führt.

Wollen wir unser Bewußtsein positiv verändern, dann sollte es möglich sein, einige wesentliche förderliche und schädliche Faktoren soweit zu erfassen, daß wir damit auf der Meditationsstufe der Selbstzentrierung arbeiten können.

• Dabei wird mit zunehmender Fähigkeit der Introspektion immer deutlicher, daß wir unser »emotionales System« nicht isoliert betrachten dürfen, sondern daß es von den emotionalen Systemen anderer Menschen abhängig ist.

Diese Beobachtung begründet die Moral und Ethik auf der Basis von Werten, die ausschließlich durch Gefühle konstituiert werden. Es besteht keine Notwendigkeit mehr,

Werte in der altbekannten rigiden Weise allgemeingültig und objektivistisch, d. h. als an und für sich bestehend, zu begründen, weil dies irreführend ist und zu Fehlentwicklungen und unnötigem Leiden führt.

Wollen wir die positiven Erfahrungen innerhalb unseres emotionalen Systems optimieren, dann müssen wir bestimmten Gesetzmäßigkeiten folgen. Werden diese Faktoren vernachlässigt, antwortet unser emotionales System mit Negativität. Ursache und Wirkung liegen dabei je nachdem zeitlich, örtlich und sachlich weit auseinander. Nicht immer ist überhaupt eine Einsicht a priori in den jeweiligen Zusammenhang möglich. Wir können uns hier, wie schon bemerkt, nur auf unser Gespür und unsere Erfahrung verlassen. Im folgenden werden einige wichtige *allgemeine* Strukturen (im Unterschied zu individuellen Problemen) aufgeführt, die Negativität, d. h. Leiden, begünstigen:

Wählen wir die Stagnation anstelle stetiger Entwicklung und Evolution,

- haben wir das generelle Lebensziel – die Erfahrung von Werten durch positive Gefühle und Verminderung von Unwerten durch negative Gefühle – nicht erkannt,
- versuchen wir nicht die Summe des Positiven im Leben zu erhöhen und die Summe des Negativen zu vermindern,
- haften wir zu stark an den Werten,
- vermeiden wir zu radikal negative Erfahrungen und versuchen wir uns irrigerweise von allen negativen Erfahrungen zu befreien,
- glauben wir fälschlich, alle negativen Erfahrungen seien Mittel zu positiver Entwicklung,
- wählen wir die Unmoral anstelle der Moral,
- halten wir kontingente Gefühlsauszeichnungen für objektive Werteinsichten,

- wählen wir Werte als Mittel nicht im Hinblick auf unsere Gefühle,
- erkennen wir die Wirkung unserer Handlungen und Werterfahrungen auf unser emotionales System nicht,
- wenden wir uns nicht vom Negativen ab, wählen wir die Negativität, anstatt uns auf das Positive zu richten, hadern wir überflüssigerweise mit dem Negativen,
- wählen wir Werte mit negativen Kehrseiten,
- orientieren wir uns nicht an unseren Fähigkeiten und individuellen Bedürfnissen,
- orientieren wir uns an von außen gesetzten Werten, die wir nicht als unsere eigenen empfinden,
- verfügen wir nicht über die Fähigkeit, unsere Entscheidungen und Bewertungen aus einem Zustand der Selbstzentrierung heraus zu steuern,
- erkennen wir die Möglichkeit der Wahl von Gedanken- und Gefühlseinstellungen nicht,
- können wir uns nicht willkürlich von Denk- und Bewertungsmustern lösen,

dann beantwortet unser emotionales System dies schließlich und je nachdem mit verschiedenartigsten Leiden wie Schmerzen, Krankheit, Scheitern, Depression, Leere, Langeweile, Frustration, Angst usw. – oder, allgemeiner formuliert: *mit negativen Gefühlen, Gefühlsauszeichnungen von Wahrnehmungen, Körpergefühlen und Stimmungen und dem Fehlen positiver Gefühle.*

Der intellektuelle Zusammenhang mit den Ursachen dieser Wirkungen kann dabei nicht immer sicher hergestellt werden. Wir halten uns möglicherweise für so veranlagt, für physisch krank oder »verrückt«. Unser Urteil führt aber leicht zu Lernvorgängen, die wiederum Angst vor den bereits erlebten negativen Symptomen erzeugen und durch Fluchtverhalten und Wiederholung den Eindruck von Hilflosigkeit und Ausweglosigkeit erzeugen. Und das ist

die beste Basis, um irgendwann in einer psychisch und physisch ungünstigen Phase in Panik zu verfallen und traumatisch von dieser Panik geprägt zu werden.
Was die Moral anbelangt, ist der Einfluß amoralischer Verhaltensweisen jedem längst als geflügelte Worte geläufig: »Ein gutes Gewissen ist ein sanftes Ruhekissen.« Oder, allgemeiner, für den gesamten Bereich unserer Werterfahrungen und unsere zwischenmenschlichen Beziehungen: »Wie man sich bettet, so liegt man.« »Wie man in den Wald hinein ruft, so schallt es heraus.«
Der negative Einfluß unserer Entscheidungen auf unseren Seelenhaushalt betrifft dabei keineswegs bloß jene Menschen, die durch Erziehung und Kultur (z. B. das Christentum) geformt wurden, wie Nietzsche glaubte.
Das schlechte Gewissen des christlichen Sünders mag zwar durchaus durch Gesellschaft und Religion geprägt sein. Und das Symptombild des Neurotikers durch seinen Konflikt zwischen Es und Über-Ich, zwischen verdrängten Trieben und gesellschaftlichen Normen. Doch es genügt bereits, sich ohne jede empirisch-psychologische Untersuchung die Frage zu stellen, ob der Mensch ohne christliche Moralvorstellungen und ohne Erziehung völlig amoralisch, ohne moralische Vorstellungen und ohne Gewissen wäre. Unsere – intuitive – Antwort darauf lautet: Er ist es nicht.
Über-Ich und christliche Moral, um nur bei diesen beiden Beispielen zu bleiben, finden ihrerseits ihre Basis in einer genetischen oder anthropologischen Verfassung des Menschen, die auf angeborenen moralischen Strebungen beruht. Kleinstkinder zeigen bereits Ansätze von Mitleid und Mitgefühl, noch ehe sie überhaupt in der Lage sind, moralische Verhaltensnormen über die Sprache zu erfassen. Man könnte hier argumentieren, das Vorbild der Eltern werde schon früh über unbewußte Signale und Verhal-

tensweisen erfaßt. Aber was da erfaßt und nachgeahmt wird, muß seine Möglichkeit bereits in einer mentalen Disposition besitzen. Ein Kaninchen werden wir schwerlich durch unser Vorbild zu gerechtem Verhalten veranlassen.

Selbst überzeugte Verbrecher leiden unter ihren Wertentscheidungen. Sie leiden meist nur auf weniger bewußte Weise, das bestätigt die psychologische Analyse. Ihre Leere und Gefühlskälte, ihre Aggressivität, ihre Unaufrichtigkeit und vielleicht sogar Scheinheiligkeit, ihr Desinteresse, ihr Mißtrauen und ihre Distanz sind Folgen ihres emotional unzweckmäßigen Verhaltens.

• Haben Sie sich dafür entschieden, das Leben eines radikalen Egoisten oder gar Verbrechers zu führen, dann werden Sie deutlich mehr Spannungen, Mißtrauen, Angst, Sorgen, Feindseligkeit, Unruhe, Nervosität und Argwohn erleben. Auf der anderen Seite nehmen viele positive Gefühle wie Herzlichkeit, Wärme und Vertrauen ab.

Allerdings umfaßt der gesamte emotionale Bereich unendlich viel mehr als jene Gefühle, die wir auf moralische oder unmoralische Verhaltensweisen zurückführen können. Unsere Handlungen und Gedanken, aber auch unsere Unterlassungen, rufen in uns vielfältigste positive und negative Gefühle hervor, sei es innerhalb von Bewertungen und Werterfahrungen oder auch als Stimmungen und Körperbefindlichkeiten, für die wir noch gar keine Bezeichnungen besitzen.

• Der größere Teil unserer Gefühle hat keine Namen.

Negative Handlungen, Gedanken und Gefühle wirken nicht nur additiv im Sinne von Streß, sie beeinflussen auch das ganze System, und eben oft an unerwarteter Stelle und zu unerwarteten Zeiten.

Natürlich kennen Menschen, die intelligent mit ihren Gefühlen umgehen, diese Zusammenhänge längst. Sie orientieren sich intuitiv an den Prinzipien ihres emotionalen Systems. Viele unserer charakterlichen Reifungsprozesse steuern in dieselbe Richtung. Allerdings – das sei noch einmal wiederholt, weil es um einen zentralen Punkt unseres Gefühlslebens geht – haben die meisten Menschen kein angemessenes theoretisches Verständnis ihres emotionalen Systems. Sie sehen nicht, in wie vielen »Sekundenblitzen« des Gefühls, der Stimmungen und Befindlichkeiten sie die Früchte ernten, die durch ihr Verhalten entstanden sind.

Im Falle des Verbrechers entwickelt sich schon bald auf der Ebene des Tiefenbewußtseins eine Art Raubtiergesinnung, eine unterschwellige Stimmung und Befindlichkeit, an der er zwar leidet, die ihm aber nicht vollständig bewußt werden muß – und die auch meist erst in einem höher organisierten Bewußtsein mit besserem Blick auf die eigene Verfassung zugänglich wird. Berücksichtigen wir, daß es im Leben letztlich um Gefühle geht, dann hat der Verbrecher, ohne es zu wissen, »ein schlechtes Geschäft« gemacht. Aber das ist eine Einsicht, die ihm gewöhnlich fehlt.

• Je konsequenter positives Handeln, das zeigt jede genauere Introspektion über einen genügend langen Zeitraum, desto geringer Spannungen und Störungen, desto weniger Mißbehagen, Unruhe, Fehlleistungen, Unzufriedenheit, Aggressivität usw.

Die Liste der negativen Erscheinungen und Symptome ließe sich beinahe endlos fortsetzen. Allerdings kann diese wichtige mentale Hypothese nur durch sorgfältige Beobachtung der eigenen Reaktionen bestätigt werden. Und dafür bereitet uns die Meditation vor. Man muß sich diese Gewißheit selbst verschaffen. Sobald wir das erkannt haben, werden wir z. B. allen leichten Vergnügen und Vorteilen aus dem Wege gehen und sie immer danach beurteilen, ob es sich nicht vielleicht um negative Mittel handelt, die für sich allein betrachtet zwar positiv sind, unter dem Strich im emotionalen System jedoch eine negative Funktion haben. Das einzige Kriterium dafür ist unsere innere Stimme, die Stimme des Gefühls.

• Die richtigen Werte (Mittel) innerhalb unseres emotionalen Systems zu wählen, ist der Schlüssel für unsere geistige und körperliche Gesundheit und unser gemeinsames Glück.

Auf einen einfachen Nenner gebracht: Viele positive Mittel realisiert – viel positive und wenig negative Gefühle. Viele negative Mittel realisiert – viel negative und wenig positive Gefühle. Oder, anders ausgedrückt: Die richtigen Mittel zu wählen, bedeutet auch mehr Glück und Gesundheit. Handeln gegen unsere positive Entwicklung, die allerdings jeder in einem schwierigen und oft auch schmerzlichen Prozeß erst für sich entdecken muß, ist gleichbedeutend mit Schmerz und Leiden.

Beispiel: Hader mit allem und jedem und übertriebene Kritik schwächen das Immunsystem. Lügenhaftigkeit und ständige Unehrlichkeit korrelieren auffallend häufig mit körperlichen Erkrankungen, das zeigen neuere Untersuchungen.

Wenn wir zutiefst unmoralisch sind und uns nicht auf positive Ziele hin entwickeln wollen, werden wir immer leiden müssen. Moralisch zu sein ist zwar noch keine Gewähr für Glück. Aber Unmoral, Stagnation und negative Wahl sind ein ziemlich sicherer Weg zum Unglücklichsein. Die Natur scheint uns diesen evolutionären Grundsatz eingepflanzt zu haben, obwohl sie ansonsten oft recht grausam ist. Alle Begründungen der Moral und der Werte sind unzulänglich, wenn sie diesen Aspekt übersehen. Wir können zwar unmoralisch und gegen unsere Entwicklung handeln, uns aber nicht den mentalen Folgen solcher Handlungen entziehen. Wir können durchaus die Augen vor ihnen verschließen. Aber wir leiden trotzdem.

• *Dabei ist unser emotionales System eindeutig auf die Evolution der Gemeinschaft und auf moralische Werte ausgerichtet, auch wenn unsere Handlungen dem aus Unkenntnis unserer tatsächlichen Interessen oft zuwiderlaufen.*

Lassen sich solche Gefühle in irgendeiner Weise – etwa durch Beschwichtigungen, Beschönigungen – beseitigen? Wird vielleicht der Nihilist und Zyniker, wenn er nur entschieden genug seine Überzeugung verinnerlicht, am Ende doch obsiegen?

Es scheint so, als sei unser emotionales System in moralischer Hinsicht kaum variabel. Moralische Gefühle erweisen sich auch gegenüber ansonsten hochwirksamen mentalen Techniken als erstaunlich widerstandsfähig. Daß der Mensch, wie Nationalsozialismus und Kommunismus erst in jüngster Zeit wieder bewiesen haben, durch das gesellschaftliche System zum Bösen, zu Unterdrückung, Gewalt und Folter verleitet werden kann, bedeutet nicht, daß er nicht unwissentlich doch die negativen Früchte seines Handelns auf der emotionalen Ebene erntet.

Unsere Einsichten, daß wir uns in einem emotionalen System bewegen, führen daher in ethischer Hinsicht zu einer Umformulierung des Kategorischen Imperativs. Kants Imperativ (»Handle so, daß die Maxime deines Willens jederzeit zugleich als Prinzip einer allgemeinen Gesetzgebung gelten könnte«) wird zum *Emotionalen Imperativ:*

»Handele so, daß Qualität und Quantität der Werterfahrungen durch positive Gefühle für alle ihr Optimum erreichen und negative Gefühle ihr Minimum.«

Verfügen alle Menschen über ein gleichartiges emotionales System?
Wir können konstatieren, daß dies im wesentlichen der Fall ist. Für den normalen Menschen gilt, daß er nicht ungestraft gegen elementare Regeln seines emotionalen Systems verstoßen kann. Wegen der geringen Bewußtheit innerer Vorgänge und mentaler Prinzipien handeln wir allerdings oft gegen unsere emotionalen Interessen, d. h., wir bemerken die Zusammenhänge nicht. Allerdings deuten neuere Untersuchungen bei Schwerstkriminellen daraufhin, daß ihnen bestimmte Gefühle fehlen können. Das bedeutet, daß wir zwar weitgehend gleich und ähnlich funktionieren, was die Erfordernisse unseres emotionalen Systems anbelangt, daß es aber doch auch Ausnahmen davon gibt. Ungeklärt bleibt auf diesem neuen Forschungsfeld allerdings noch, ob solche Unterschiede genetisch bedingt sind oder erworben wurden.
Für die Praxis der Bewußtseinsveränderung gilt es festzuhalten: Die Entdeckung, daß wir uns in einem sensiblen emotionalen System bewegen, in dem sich durch unsere Handlungen die Qualität der Gefühle zum Guten oder Schlechten verändert, muß jeder für sich selbst machen.
In den folgenden Meditationsstufen versetzen wir uns in die Lage, durch Kontemplation und Installation von Gedanken Korrekturen vorzunehmen, die unnötiges Leiden vermindern.

27 Stufe vier: Selbstzentrierung

Bei den bisher beschriebenen Techniken des Zulassens, des Körperfühlens und der Mantrameditation kann es zu jenem Zustand ruhevoller Wachheit kommen, in dem Sie sich selbst in einer nicht durch Gedanken und Gefühle überschatteten Weise wahrnehmen. Dies ist normalerweise auch ein Zustand größeren Wohlbehagens. Wir sind entspannt und gesammelt. Wir sind auf unsere »Mitte« hin orientiert. Diese Metapher drückt aus, daß wir mehr »bei uns selbst« sind als gewöhnlich.
Wir sind auf eine charakteristische Weise *zentriert,* und falls wir uns noch innerhalb der Mantrameditation befinden, haben wir uns selbst mit dem Wortklang präsent. Was bedeutet das genau? Das »Selbst« ist entweder parallel oder intermittierend mit dem Mantra gegenwärtig, wobei weitere Gedanken und Wahrnehmungen am Rande des Bewußtseins als nur »mitbewußt« erscheinen.
Unsere Alltagssprache drückt auf verschiedenste Weise aus, wie wichtig das Selbst ist: »Selbstverwirklichung«, »Selbstentfremdung«, »zu sich selbst kommen«, »nicht ganz bei sich selbst sein« verweisen auf eine psychische Realität, die das Selbst oder Ich darstellt.
Oft bleibt der Sinn des Wortes »Selbst« jedoch vieldeutig. Vielfach wird unter Selbst soviel wie Selbstbewußtsein, die Erfahrung seines eigenen Wertes verstanden. Oder das Ich oder Selbst wird als abstrakter, selbst nicht erfahrbarer, sondern nur gedachter Bezugspunkt der Erfahrungen auf-

gefaßt: das, was macht, daß alle Erfahrungen demselben Ich zugeordnet sind und auch als solche aufgefaßt werden. Bei Kant muß das »Ich denke« alle Vorstellungen begleiten können (»Apperzeption«), und diese Selbstwahrnehmung kann auch als »Ich« oder »Selbst« bezeichnet werden. Eine wieder andere Bedeutung hat das Über-Ich, der Zensor der Psychoanalyse, der von Kindheitseindrücken, Erziehung und anderen kulturellen Faktoren geprägt wurde.

Das Kleinkind lebt nach den Vorstellungen der Psychologie noch in einer undifferenzierten Subjekt-Objekt-Einheit. In höheren Zuständen der Bewußtseinsentwicklung entdeckt es dann nicht nur sich selbst, sondern auch sein Bedürfnis zur Selbstverwirklichung (Rogers, Maslow). Wird diese Tendenz massiv gehemmt, kann es nach den Vorstellungen der humanistischen Psychologie zu Krankheiten kommen.

Keine dieser Bestimmungen erfaßt genau den Sinn dessen, was sich als Ich oder Selbst im Zustand ruhevoller Wachheit und Aufmerksamkeit zeigt. Das bedeutet wiederum nicht, daß solche Definitionen falsch oder unzweckmäßig sind. Sie haben in anderem Zusammenhang durchaus ihren Sinn. Oben wurde hinsichtlich der Technik radikalen Zulassens die Hilfsvorstellung erwähnt, sich als inaktiver innerer Zeuge oder Beobachter zu sehen. Übrig bleibe dann nur noch das Ich oder Selbst:

• Dann erscheint das Ich als eine Art Scheibe der Ichbewußtheit, ein Zugleich-von-sich-selbst-Wissen und Gedanken und Wahrnehmungen haben – oder, wenn Sie so wollen, als »reine, absichtslose Aufmerksamkeit«, die sich gleichzeitig ihrer selbst und der Aufmerksamkeit als Aufmerksamkeit bewußt ist.

Unter Ich oder Selbst wird hier keine irgendwie geartete mystische oder metaphysische Instanz verstanden, sondern zunächst einmal die schlichte psychologische und jedermann doch auch irgendwie geläufige Fähigkeit, daß wir unsere Aufmerksamkeit auf uns selbst richten können und daß in einigen Bewußtseinsvorgängen die Aufmerksamkeit und begleitende Präsenz des Ichs größer ist als in anderen.

Es wurde bereits ausgeführt, daß es sich um das augenscheinliche Gegenteil von »Nervosität«, von Streß, von Negativität handelt:

1. In keinem anderen Zustand scheint es dem Bewußtsein leichter zu sein, seine Muster zu erkennen und sich umzuorientieren.
2. In keinem anderen Zustand ist die Wahrnehmung auch feinster Gefühlsimpulse klarer.
3. In keinem Zustand gelingt das Loslassen von Werten und Unwerten leichter.
4. In keinem Zustand wächst auf vergleichbare Weise die Beherrschung und positive Beeinflussung des Körpers.
5. In keinem anderen Zustand ist die Tiefe der Einsicht in wesentliche Lebenszusammenhänge größer.

Dieser Zustand ruhevoller Wachheit ist zugleich auch eine besonders effektive Basis für Entspannung und Streßabbau, für eine genauere Introspektion der eigenen Motive, Wünsche und Gefühle und ermöglicht uns darüber hinaus, positive Tendenzen zu fördern und negative Haltungen und Erfahrungen zu vermindern.

• Die weiteren Stufen der Meditation bauen auf diesem Zustand ruhevoller Wachheit, Selbstzentrierung und Entspannung auf.

In der Selbstzentrierung ist es leichter, ja oftmals überhaupt erst möglich, seine Impulse zu kontrollieren. Impulskontrolle (oder traditioneller ausgedrückt: »Selbstbeherrschung«) ist aber, wie auch Daniel Goleman bemerkt, ein wesentliches Kennzeichen emotionaler Intelligenz.

Impulskontrolle bedeutet, unabhängig von seinen momentanen Gefühlen ein Ziel verfolgen zu können, seien diese Gefühle nun positiv oder negativ.
Impulskontrolle durch flexible Meditation, die nach und nach zu immer feineren mentalen Bereichen gelangt, die sonst nur »mitbewußt« oder unbewußt bleiben, unterscheidet sich dabei von gewöhnlicher zwanghafter, angestrengter Kontrolle, die oft versagt, durch ihren leichten, spontanen und intelligent an die Probleme angepaßten Charakter.
Ihre positiven Erfahrungen solcher inneren Kontrolle haben aber die natürlich Tendenz, sich im Wechselspiel mit dem Alltag auch immer mehr in Alltagssituationen durchzusetzen.
• Dieser Prozeß wird durch Ihr Verständnis und Ihre Absicht gefördert.
Absicht bedeutet wie gesagt nicht angestrengte Kontrolle, sondern Sie setzen automatisch durch Ihre positive Bewertung innerhalb und außerhalb der Meditation auch eine »determinierende Tendenz«, diese Haltung in den praktischen Alltag zu übernehmen. Die schon in der Würzburger Schule der Denkpsychologie Anfang des Jahrhunderts gefundenen »determinierenden Tendenzen« des Bewußtseins besagen, daß unser Denken sich gerichtet und zielstrebig auf einen Sinn hin entwickelt (im Unterschied zur bloß assoziativen oder mechanischen Auffassung des Denkens, wie sie bis dahin vorherrschend war), sobald wir etwas als richtig oder wertvoll ansehen.
Beispiel: Sie haben beim Zusammenleben mit Ihrem Partner entdeckt, daß er besonders sensibel auf Wut oder Ärger bei Ihnen reagiert. Vielleicht mußten Sie schon zahllose Male erleben, daß er nun seinerseits mit Verärgert- oder Beleidigtsein antwortet. Gelangen Sie dabei zu der Überzeugung, Ihre Wutausbrüche seien nicht be-

herrschbar, so wird alles bleiben wie es ist. Ihr Gedanke ist eine – negative – determinierende Tendenz. Denken Sie dagegen, damit sei jetzt Schluß – zum Beispiel, weil Ihnen der Zustand der Selbstzentrierung vertrauter geworden ist, indem man leichter seine Impulse kontrolliert –, dann kann diese Haltung in Ihrem Unterbewußtsein als positive »determinierende Tendenz« wirken und sich realisieren.

Das bedeutet für das EQ-Training: Wenn Sie den Wert der bewußten Selbstwahrnehmung für die Impulskontrolle erfaßt haben, dann entsteht damit auch fast zwangsläufig eine Neigung, diese Haltung zu realisieren.

Kann der Zustand der Selbstzentrierung auch genauso gezielt geübt werden wie das Zulassen oder die Zuwendung zum Mantra?

Zunächst einmal muß gesagt werden, daß die Zuwendung zum Mantra selbst bereits diese Zentrierung einleitet. Wenn Sie den feineren Formen des Mantras ohne Anstrengung zu folgen vermögen, kann es zu spontan eintretenden Zuständen von Selbstzentrierung kommen. Versuchen Sie diesen Zustand festzuhalten, könnte ihn Ihre Absicht jedoch wieder zum Verschwinden bringen. Lassen Sie ihn einfach zu, ohne ihn festzuhalten, dann dehnt er sich oft aus – das wäre zumindest eine sehr typische Erfahrung.

Widerstände, das Mantra in selbstzentrierter Weise wahrzunehmen, sind in der Regel Ausdruck von Streß (Streß im weitesten Sinne verstanden).

- Regelmäßige Mantrameditation stärkt immer mehr die Fähigkeit zu leicht verfügbarer Selbstzentrierung.
- Wird die Selbstzentrierung jedoch während einer Meditationssitzung nicht erreicht, dann bleibt es einfach bei der zulassenden Selbstwahrnehmung dieses nicht-zentrierten Zustandes. Oft verändert die radikal zulassende

Wahrnehmung aber bereits das Bewußtsein so, daß dann doch noch eine Zentrierung eintritt.
Neben der Mantrameditation ist bereits das Zulassen und Körperfühlen eine förderliche Übung: Fühlendes, zulassendes Betrachten negativer und positiver Gefühle erleichtert die Selbstzentrierung.
Eine weitere, sehr wirksame Methode, um über die bisherigen Stufen der Meditation hinaus in eine ruhevolle, wache Selbstzentrierung zu gelangen, stellt die von Gendlin entwickelte Technik des Focusing dar.
Zur Erinnerung: Im Focusing wird bewußt ein Problem aufgesucht und das sich mit ihm einstellende *allgemeinste, feinste, vagste, unbestimmteste* Gefühl zunächst deutlicher gefühlt und danach so lange benannt, bis der Eindruck entsteht, das Problemgefühl (in Gendlins Terminologie der »felt sense«) habe seine adäquate Bezeichnung gefunden. Mit dem Fühlen und Symbolisieren ist dann oft eine Erleichterung und Auflösung des Problems auf der mentalen Ebene verbunden.
Gendlins Ansatz beruht auf der Benennung besonders vager, unbestimmter Gefühle.
• Wenn wir darüber hinaus erkennen, daß auch schon das nonverbale zulassende – absichtslose – Betrachten und Ausfühlen wichtiger nonverbaler Gefühle und Gedanken kathartisch ist und zentrierend wirkt, läßt sich die Effizienz dieser Technik für das EQ-Training noch verstärken.
Finden Sie jeweils selbst heraus, ob die Betrachtung ausreicht oder ob erst die Versprachlichung des Problems eine positive Veränderung in Richtung Selbstzentrierung, aber auch auf die Lösung des Problems bewirkt.
Die Technik des Focusing ist am Ende dieses Kapitels in einer praktischen Übung beschrieben.
• Konzentration und die Absicht, der »feste Wille«, in die Selbstzentrierung zu gelangen, führen dagegen je nach

dem momentanen Zustand Ihres Nervensystems zu Verspannungen, Kopfschmerzen und anderen negativen Gefühlen.
Hier ist es besonders wichtig, die innere Fühlfähigkeit zu verfeinern und mit der Übung für den Augenblick aufzuhören, wenn nicht der richtige Zeitpunkt dafür ist. Der richtige Zeitpunkt hängt offenbar vom momentanen Energie- und Streßzustand Ihres Nervensystems ab.
Ob Sie die Selbstzentrierung gezielt – auch ohne Zulassen, Körperfühlen, Mantrameditation oder Focusing – ansteuern können, dafür gibt es keinen anderen Indikator als Ihre persönliche Erfahrung. Wenn zu viele ablenkende Wahrnehmungen auftauchen, wenn negative Gefühle wie Schmerzen und Anspannung zu stark werden, sollten Sie die Meditation mit einer Phase einfachen Zulassens ausklingen lassen.
Das bedeutet umgekehrt aber nicht, daß Sie bei der geringsten negativen Wahrnehmung bereits »hypochondrisch« konstatieren, Sie seien momentan nicht in der richtigen Verfassung. Hier ist in besonderem Maße Ihre emotionale Intelligenz gefordert, selbst zu beurteilen, wo Ihre Grenze liegt.
Wenn es Ihnen allerdings mühelos gelingt, die Ebene der Selbstzentrierung zu erreichen, sollten Sie diesen Zustand so oft aufsuchen, wie es Ihnen möglich ist, um ihn zur Gewohnheit werden zu lassen:
• Beliebig wählbare Selbstzentrierung ist eines der wesentlichen Ziele der Bewußtseinsveränderung.
Fassen Sie den Meditationsprozeß jedoch nicht als gescheitert auf, wenn dies nicht gelingt.
• Zur erfolgreichen Bewußtseinsveränderung gehört es auch, jenen Reifegrad zu erreichen, der innere Prozesse und Stadien der Entwicklung so zulassen kann, wie sie sich von selbst einstellen.

Sie sollten den Energien, die sich im Zuge Ihrer Gefühle und Gedanken entwickeln, jenen Raum lassen, der sich aus ihrer eigenen Dynamik ergibt, weil dies nach und nach zu einer positiven Veränderung Ihres Fühlens und Denkens führt.
Nach einiger Übung der Vorstufen werden Sie immer leichter in solche Zustände der Selbstzentrierung gelangen. Mitunter schon, wenn Sie die Augen schließen, oder aber innerhalb der Phasen des Zulassens, des Körperfühlens und der Mantrameditation. An eine längere Phase der Mantrameditation, die von starken Gedanken und Gefühlen beherrscht ist, von denen die Wahrnehmung Ihres Selbst überschattet wird, mag plötzlich eine Phase ruhiger Selbstzentrierung anschließen. Diese ist dann die Basis für unsere weiteren Meditationsstufen im EQ-Training.

28 Übung: Focusing zur Selbstzentrierung

1. Nachdem Sie durch die vorausgegangenen Stufen des Zulassens und der Mantrameditation bereits in einen deutlichen Ruhezustand gelangt sind, richten Sie Ihre Aufmerksamkeit auf eines der Probleme, die Sie momentan als besonders wesentlich und wichtig empfinden. In der Regel lassen sich solche Probleme und Problembereiche immer finden. Von Bedeutung ist dabei das, was Sie aktuell als wesentlich ansehen.
2. Erst wenn Sie kein aktuelles Problem finden, wenden Sie sich einem Problem aus der Vergangenheit zu, und auch hier wieder bevorzugt einem Objekt der Aufmerksamkeit, das Sie besonders beschäftigt oder belastet hat und bei dem Sie den Eindruck haben, es sei noch »offen« oder noch nicht erledigt.
Entscheidend ist dabei nicht, eine Lösung oder Erklärung zu finden. Sollten sich Erklärungen spontan einstellen, lassen Sie sie einfach als das stehen, was sie sind: Gedanken, die Ihnen gerade in den Sinn gekommen sind.
3. Achten Sie auf das feinste negative oder positive Gefühl, das sich mit der Ausrichtung auf das Problem einstellt. Spüren Sie diesem Gefühl wiederholt und ohne Anstrengung und Konzentration zulassend nach.
4. Geben Sie dem Gefühl einen passenden Namen oder auch eine längere Bezeichnung. (Beispiel: »Langeweile«, »Enttäuschung«, »Mißtrauen«, »Negativität«, »Ich bin unzufrieden«, »Ich bin eifersüchtig«.) Fühlen Sie wiederholt

das je nachdem deutliche oder vage Gefühl und achten Sie darauf, ob Ihre Benennungen zutreffen. Als zutreffend erscheinen sie vor allem dann, wenn Sie keinen Zweifel, sondern ein »Evidenzgefühl« haben oder wenn Sie während der Benennung ein angenehmes Gefühl der Erleichterung (»Bliss«) verspüren.

5. Sollten Sie sich bei der Benennung unsicher sein, wiederholen Sie die Übung später oder belassen es bei Phase 3.

Von Bedeutung für die Technik der Selbstzentrierung auf dieser Stufe der Meditation sind weniger Ihre Gefühle und Gedanken als die Tatsache, daß eine solche Art, die Achtsamkeit zu fokussieren, in Ihre Mitte führt.

6. Achten Sie darauf, ob Sie sich nun klarer in Ihrer ruhevollen, wachen Mitte befinden, weil das Problem Sie in Ihr Zentrum gelenkt hat – in Ihr »Selbst«, wie wir auch sagen können.

7. Fahren Sie dann mit den weiteren Meditationsstufen fort.

29 **Veränderbarkeit von Gefühlen**

Leiden zu vermindern und Positivität zu vermehren, bedeutet, wie wir inzwischen gesehen haben, Gefühle zu verändern. Dies ist keine bloß auf den Hedonismus[14] beschränkte Haltung, als ginge es lediglich um Lust, weil Gefühle innerhalb unseres individuellen und gesellschaftlichen emotionalen Systems in zahllosen Modalitäten auftreten: als Stimmung, als Körpergefühl, als Sinn- und Wertwahrnehmung, zum Beispiel im moralischen Handeln, als Verantwortung, Vertrauen, Liebe, aber auch als Haß, als Depression und Destruktivität. Selbstentfremdung und Desorientiertheit unserer Kultur und die zahllosen Irrwege eines rigiden Wertobjektivismus mit all seinen katastrophalen Folgen in der Weltgeschichte haben ihren Ursprung zum großen Teil darin, daß die entscheidende Rolle der Gefühle im Leben nicht mit genügender Klarheit erfaßt wurde.

Auf Gefühle Einfluß zu nehmen, bedeutet entweder:

a) die Dinge so zu schaffen, einzusetzen oder zu verändern, daß sich mit ihnen auch unsere Gefühle verändern,

b) Gefühle direkt zu verändern,

c) unsere inneren Haltungen, Anschauungen und Meinungen zu ändern, so daß sich mit ihnen auch unsere Gefühle verändern.

Punkt a) ist weitgehend gleichzusetzen mit unserem alltäglichen Handeln, auch wenn wir uns wegen unse-

res mangelnden weltanschaulichen Bemühens und als schlechte Lebensphilosophen selten völlig darüber im klaren sind.
Beispiel: Ein Dach abzudichten, bewahrt uns vor negativen Gefühlen wie Nässe und Kälte, die wiederum Ursache für Krankheiten sein können, was Vermeiden von Schmerzen und Sicherung unseres Körpers als Mittel für weitere Werterfahrungen durch Gefühle bedeutet. Eine Maschine, die uns schwere Lasten (Auto, Schiff, Kran, Aufzug usw.) abnimmt, vermeidet die unangenehmen Körpergefühle der Anstrengung, ermöglicht andere Werterfahrungen wie z.B. einen Kinobesuch, für den es uns sonst vielleicht an Zeit gemangelt hätte, und schützt zugleich unseren Körper als Mittel vor frühzeitigem Verschleiß und anderweitigen Schäden.
In ähnlicher Weise können auch Kunst, Literatur und Musik als Mittel aufgefaßt werden, um unsere Gefühle und Stimmungen zu verändern. Daß Schmerzmittel und andere Medikamente diese Funktion erfüllen, ist offenkundig.
Ob Medizin, Politik und Kunst, Technik und Justiz oder unsere alltäglichen Verrichtungen: Immer ist der bewußte oder verborgene Sinn des Handelns die Wirkung all dieser von uns geschaffenen Bedingungen auf unsere Gefühle. Die Gegenprobe zu unserer These ist leicht zu machen: Stellen Sie sich vor, Ihre Ziele würden statt dessen Schmerzen, Leiden und Unlust, kurz: negative Gefühle anvisieren. Sie verlören damit auf der Stelle ihren Wert. Eine Ausnahme hiervon machen nur jene negativen Gefühle, die eine notwendige Bedingung dafür sind, daß wir andere positive Gefühle erfahren, z. B. die Anstrengung der Arbeit.
Punkt b) bietet verschiedene Ansatzmöglichkeiten. So kann unsere bisher in den Stufen eins bis vier vorgestellte

Meditationstechnik als eine Methode zur positiven Veränderung von Gefühlen aufgefaßt werden.

- Der direkten Beeinflussung von Gefühlen scheinen jedoch Grenzen gesetzt zu sein.

Beispielsweise ist es dem normalen Menschen kaum möglich, sich durch bloße Absicht in einen glücklichen Gefühlszustand zu versetzen. Gewöhnlich können wir positive und negative Gefühle nicht beliebig ein- oder abschalten. Wäre es anders, benötigten wir keine Schmerzmittel und keine Narkose, weder Genußmittel noch Drogen und Antidepressiva.[15]

Angst, Zorn, Ärger, Sorgen, Schmerzen, Trauer, Eifersucht, Langeweile, Minderwertigkeitsgefühle usw. besitzen je nachdem eine emotionale Macht über uns, der wir uns gewöhnlich allenfalls schrittweise zu entziehen vermögen. Mitunter gelingt es uns, Gefühle durch eine bloße innere Wendung zu unterdrücken, abzuschwächen oder zu verändern. Wieso dies manchmal möglich und oft nicht möglich ist, bleibt ein Geheimnis unserer seelischen Konstruktion. Doch das kann selbst für jene Menschen, die darin besonders begabt oder geübt sind, keinesfalls ein Allheilmittel sein, sonst würden wir bei ihnen weder Angst noch Schmerzen finden.

Um Gefühle zu beeinflussen, wählen wir daher meist bewußt oder unbewußt die Methode, die unter Punkt c) als Beeinflussung durch Veränderung unserer inneren Haltungen, Anschauungen und Meinungen (»Gedanken«) angesprochen wurde.

Im Alltag ist es eine geläufige Technik, seine negativen Gefühle dadurch zu beseitigen oder zu vermindern, daß wir das, was diese Gefühle verursacht, *unter einem anderen Blickwinkel* betrachten. Wir deuten und interpretieren die uns unangenehme Realität um, so daß sich auch das dazugehörige Gefühlsbild verändert.

Beispiel: Hat uns unsere Freundin verlassen, so versuchen wir vielleicht unseren Trennungsschmerz dadurch zu lindern, daß wir uns ihre – tatsächlichen oder vermeintlichen – Fehler vor Augen führen. Haben wir darüber hinaus Grund zur Eifersucht, dann stellen wir gern den Wert unseres Konkurrenten in Frage und interpretieren die Entscheidung unserer Partnerin als »Irrtum«.

Sehr typisch ist dabei die Verwechslung von Wert- und Tatsachenurteilen. Der mehr oder weniger verborgene, bewußte oder unbewußte Sinn dieses Verfahrens ist es auch hier wieder, sich von negativen Gefühlen zu befreien. Ein weiteres Mal beweist so unser mentales Hauptprinzip seine umfassende Gültigkeit (vergl. Kapitel 9, »Die Entdeckung unseres mentalen Hauptprinzips«).

Doch das Verfahren, unseren Schmerz durch Erklärungen zu lindern, ist offenbar nur begrenzt wirksam. Wir können die Wirklichkeit nicht beliebig umdeuten. Unsere Intelligenz setzt uns hier Grenzen, denn die Methode beruht auf dem Fürwahrhalten dessen, was wir denken.

Wollen wir unsere Gefühle beeinflussen und verändern, dann bieten sich jedoch noch andere Methoden an, die nicht auf Illusionen, Vorurteilen oder Selbstlügen beruhen. Dies leitet uns über zu jenen Stufen des EQ-Trainings, in denen nach den Techniken des Zulassens und der inneren Ausrichtung das Erkennen und die gezielte Beeinflussung (die »Setzung«, die »Installation von Gedanken«) geübt wird.

30 Kontemplation und Unterscheidung

Im Zustand der Selbstzentrierung und Verfeinerung der Wahrnehmung fällt es leichter, die eigenen Motivationen, Bewertungen und Gefühle zu erkennen. Versuchen Sie sich bevorzugt in diesem Zustand – sowohl in allgemeinem wie auch im individuellen Sinne – über sich selbst, vor allem aber auch über Ihre verborgenen, nicht bewußten Haltungen im Leben klarzuwerden, wie sie im vorausgegangenen Kapitel über die Veränderbarkeit von Gefühlen unter Punkt c) angesprochen wurden.

Was bedeutet hier »allgemein«? Es ist das generelle Verständnis unserer mentalen Hauptprinzipien, wie sie im Kapitel »Unser emotionales System« skizziert wurden.

Und »individuell« soll heißen, zu diesen allgemeinen Strukturen jeweils Ihre ganz persönlichen Probleme zu finden.

Auf der allgemeinen Ebene ermöglicht unser mentales Hauptprinzip ein weitgehend generelles Vorgehen, das die Praxis stark vereinfacht und auf einige wenige entscheidende Regeln reduziert. Wir müssen nicht mehr für eine Vielzahl individueller Probleme auch jeweils eine individuelle Lösung finden. Zwar bleibt es weiterhin unser Ziel, unsere – mitunter auf sehr subtilen Ebenen des Denkens und Fühlens erlebten – persönlichen Probleme kennenzulernen, um Lösungen für sie zu finden. Doch ihre Bearbeitung erfolgt nicht mehr in allen Fällen inhaltlich, d. h. auf der Bedeutungsebene (bzw. durch Ablenkung,

Verdrängen oder Vergessen), sondern durch eine veränderte Haltung des Wahrnehmens und Zulassens, der Desensibilisierung und Entautomatisierung.

- Auf der kontemplativen Stufe innerhalb der Selbstzentrierung (vergl. dazu im folgenden Kapitel 31, »Stufe fünf: Installation von Gedanken«) ergänzen wir diesen Ansatz nun durch ein angemesseneres Verständnis unserer allgemeinsten Lebensbedingungen – d. h., wir verändern uns auf der Bedeutungsebene.

Wir werden gewissermaßen zu Theoretikern oder Philosophen unserer Existenz. Aber diese Einsichten vollziehen sich nicht wie so oft im Elfenbeinturm der Philosophie oder der spekulativen Esoterik. Sondern es handelt sich um eine Analyse unseres Lebens, deren praktische Auswirkungen auf der emotionalen Ebene jederzeit überprüfbar sind.

Wie verfahren wir auf dieser kontemplativen Stufe praktisch?

- Wir führen uns in wiederholten Meditationssitzungen vor Augen, welche Art von mentaler Justierung uns fehlt; d. h. bei welchen für das Leben wichtigen Zusammenhängen unser Verständnis vage und desorientiert ist – bei welchen Einsichten wir Defizite in unserem Welt- und Lebensverständnis haben.

Als Richtlinien und Formulierungshilfen verwenden wir hierfür jene Unterscheidungen, wie sie bereits im Kapitel 26, »Unser emotionales System« beschrieben wurden.

Im Kapitel 31, »Installation von Gedanken«, wird dann auch darauf eingegangen, mit welcher Technik sich Gedanken erfolgreich installieren lassen und welche Faktoren zu berücksichtigen sind, um – anders als beim gewöhnlichen »Positiven Denken« à la Carnegie, Murphy oder Peale, das bekanntlich oft erfolglos bleibt – bleibende positive Effekte zu erzielen.

Sie werden schnell entdecken, daß Unwissenheit, Unsicherheit, Desinteresse und Gleichgültigkeit, ja selbst Ungenauigkeit in unserer Auffassung wichtiger Lebensprinzipien zu Negativität und Leiden führen. Und umgekehrt wird Ihr emotionales System Ihnen die – positive – Antwort darauf nicht schuldig bleiben, sobald Sie zu entsprechenden Einsichten gelangt sind, nicht mehr von Zweifeln geplagt werden. Warum ist das so?

• Weil es sich im negativen wie im positiven Fall um determinierende Tendenzen innerhalb des Bewußtseins handelt.

Es handelt sich also auch dann um determinierende Tendenzen, wenn Sie etwas Falsches glauben oder Ihre unzweckmäßigen Schlußfolgerungen mehr oder weniger unbewußt oder intuitiv und nicht explizit gezogen haben.

• Selbst nichts zu glauben – keine Meinung zu haben – kann uns schaden, weil »Meinungsmankos« unser emotionales System beeinflussen.

Determinierende Tendenzen, seien sie nun als Meinungen zutreffend oder falsch, positiv oder negativ, wirken auch dann noch, wenn Sie nicht mehr bewußt daran denken, wenn Sie sie, von der Ebene des Oberflächenbewußtseins aus betrachtet, schon wieder »vergessen« haben.

Erkennen wir die Richtigkeit einiger positiver und evolutionärer Lebensprinzipien, dann vermeiden wir damit auch die negativen Folgen, die sich zwangsläufig daraus ergeben, daß wir unser Bewußtsein und Unterbewußtsein nicht in dieser reflektierten und entschiedenen Weise durch unsere Überzeugungen programmiert haben.

Es spricht vieles dafür, daß ein Großteil unserer mentalen Probleme durch Unwissenheit und Vorurteile über fundamentale Lebensprinzipien und die Art und Weise unserer mentalen Organisation hervorgerufen wird. Unwissenheit und Vorurteile sind eine wesentliche Quelle unerwünschter Lerneffekte, die zu negativen Verhaltensmustern und negativen Symptomen auf der Gefühls- und Gedankenebene führen. Solche Symptome wirken wiederum als Stresse additiv und beeinträchtigen damit unsere Fähigkeit zu positiver Neuorientierung.

31 Stufe fünf: Installation von Gedanken

Im Zustand der Selbstzentrierung und Verfeinerung der Wahrnehmung fällt es uns also leichter, die eigenen Motivationen, Bewertungen und Gefühle zu erkennen. Dies bietet uns die Möglichkeit, neue Gedanken und Haltungen zu »installieren«.

Im Alltagsbewußtsein werden wir oft von störenden Impulsen abgelenkt und nehmen nicht ausreichend wahr, was sich auf der Gedanken- und Gefühlsebene abspielt.

Im meditativen Bewußtsein der Selbstzentrierung dagegen befinden wir uns näher an jenem subtilen Bereich, in dem sich das Denken realisiert. Dieser Zustand ruhevoller entspannter Wachheit, im Autogenen Training »Umschaltung«, in der TM »Transzendieren«, in anderen Meditationsformen und Entspannungstechniken auch profaner »tiefe Ruhe«, »Stille«, »Entspannungszustand« genannt, ist, wie schon ausgeführt, eine entscheidende Voraussetzung für jede weitergehende Bewußtseinsveränderung.

Allerdings steht diese Möglichkeit der mentalen Veränderung oft im Verdacht, durch Suggestion und Herabsetzung des kritischen Denkens, durch Meinungsmanipulation oder sogar »Gehirnwäsche« lediglich der subjektiven Befriedigung unserer hedonistischen Wünsche zu dienen. Oder aber, der meditative Zustand wird als Mystizismus oder religiöser Glaube verstanden.

• In beiden Fällen werden wirksame Möglichkeiten übersehen, sich auch ohne Herabsetzung des kritischen Denkens und ohne religiöse Übungen oder metaphysische Spekulationen positiv zu entwickeln.

Im Yoga wird dieser Bewußtseinszustand größerer innerer Kontrolle traditionell als »Ritam«-Ebene bezeichnet, was soviel bedeutet wie: »das Bewußtsein, das unsere Gedanken realisiert«. Man kann sich introspektiv immer präziser jenem Bereich nähern, von dem aus wir denken und Entscheidungen treffen, auf dem wir uns zu etwas hin- oder von etwas abwenden.

Heutzutage propagiert eine Flut von meist esoterischen und wenig kritischen Büchern das sogenannte positive Denken. Der Psychotherapeut Günter Scheich hat unlängst in seinem Buch »Positives Denken macht krank. Vom Schwindel mit gefährlichen Erfolgsversprechen« zu Recht einige Auswüchse dieses Booms kritisiert. Allerdings schießt seine Kritik weit übers Ziel hinaus:

»Das Prinzip des ›positiven Denkens‹ beruht auf einer von vornherein falschen Grundannahme: Es geht davon aus, daß man allein durch eine Umstellung des Denkens seine Psyche beeinflussen kann.«[16]

In dieser Form ist Scheichs Kritik sicher unzutreffend. Man könnte allenfalls argumentieren: *Vieles, aber nicht alles ist machbar.* Heilsversprechen, wie immerwährende Gesundheit und Harmonie, ja sogar Reichtum oder alle Probleme ließen sich mit einem Schlage durch positives Denken lösen, sind in der Tat Holzwege der Esoterik.

• Die Macht unserer Gedanken über unsere Gefühle, Stimmungen, Bewertungen, Denkungsweisen und Reaktionen, kurz, über unser Glück und Leiden ist dagegen ein auch in der Psychologie unbestrittenes Faktum.

Man denke hier nur an die zahlreichen Untersuchungen über den Effekt von Placebos. In der Psychologie betont

u. a. die Theorie der »Kognitiven Orientierung«, wie wichtig unsere Auffassung der Realität für unsere seelische Gesundheit ist. Untersuchungen Schizophrener etwa zeigten »abnorme Strukturen der kognitiven Orientierung«. Die Krankheitssymptome dieser Patienten klangen innerhalb der klinischen Behandlung ab, wenn ihre verzerrte Weltsicht korrigiert wurde. Einfacher ausgedrückt: Wir sind als Menschen in der Lage, uns »krankzudenken«.

Einer der prominentesten Vertreter dieser These in den USA ist Albert Ellis mit seiner verhaltenstherapeutischen Theorie der RET (Rational Emotive-Therapie), die die Macht unserer Gedanken über unsere Gefühle postuliert. Irrationale Überzeugungen gelten danach als Ursachen für viele emotionale Probleme. Wir sind Opfer oder Nutznießer unserer Gedanken.

• Das Problem ist daher nicht die prinzipielle Wirksamkeit positiven Denkens, sondern vielmehr die praktische Realisierung (in unserer Terminologie: die »Installation«) von Gedanken und Haltungen mit bleibenden positiven Wirkungen.

Im Autogenen Training wird der Bereich vertiefter Entspannung und Selbstzentrierung (»Umschaltung«) seit langem zur Formelbildung benutzt. Der in Formeln ausgedrückte Sinn soll sich durch Wiederholung realisieren (z. B.: »Ich bin ganz ruhig«). In der Zusatztechnik der Transzendentalen Meditation, dem TM-Sidhi-Programm, werden ebenfalls Formeln, sogenannte Sutras, zur Beeinflussung eingesetzt.[17] Allerdings mit deutlich okkulten Absichten, wie sie in den Yoga-Sutras des indischen Yoga-Philosophen Pantanjali (ca. 4.–5. Jahrhundert n. Chr.) niedergelegt sind. Klassisches Beispiel modernerer Art für solche Selbstbeeinflussung ist die Formel des Franzosen Émile Coué (1857–1926): »Es geht mir mit jedem Tag immer besser und besser.«

Einige Psychologen glauben, daß es sich bei der im Autogenen Training erreichbaren Ruhe um einen Zustand hypnoider Suggestibilität handelt, daher auch der Begriff Autosuggestion.
Diese Bezeichnung führt jedoch leicht zu dem Mißverständnis, wir sollten uns etwas einreden, uns selbst hinters Licht führen und dazu eine Ebene eingeschränkter Kritikfähigkeit benutzen. In der Hypnose wird genau jene kritische Instanz ausgeschaltet, die den berechtigten Einwand machen könnte, unser Urteil sei unwahr. Doch im Zustand der ruhevollen, wachen Selbstzentrierung wird unsere Kritikfähigkeit nicht ausgeschaltet, sondern eher noch verstärkt. Wie kann sich ein Gedanke realisieren, der nicht für wahr gehalten wird?
Das Wissen um suggestive »Manipulationen« ruft beim Übenden berechtigte Widerstände hervor, die dann als Störungsquelle bei der Installation von Gedanken wirken. So auch der Münchener Motivations- und Organisationspsychologe von Rosenstiel:
»Die Suggestibilität von Menschen ist enorm unterschiedlich. Das ist experimentell nachgewiesen. Es gibt Leute, die finden es nur lächerlich, wenn sie sich bestimmte Dinge einreden sollen – bei anderen wirkt es.«[18]
Um Vorurteile auszuräumen, ist es nützlich, sich den Unterschied von »Suggestion« und »Setzung von Gedanken« klarzumachen. Im EQ-Training gaukeln wir uns nichts vor. Es geht nicht darum, etwas zu glauben, das nicht den Tatsachen entspricht. Suggestion ist falsch aufgefaßte Realität wie beim Placebo. Einbildung beruht auf falschen Annahmen: Wir glauben an ein Medikament, aber es ist nur ein Placebo. Doch unsere Überzeugung läßt das Scheinpräparat trotzdem wirken.
- In der Setzung von Gedanken dagegen wird neue Realität erst geschaffen.

Wenn wir im EQ-Training Gedanken installieren, darf dies nicht mit gewöhnlichen Suggestionen verwechselt werden, denn das, was gesetzt wird, ist weder wahr noch falsch wie bei der Einbildung oder beim Placebo, sondern noch gar nicht existent.
Die Setzung ist einer der Königswege des Bewußtseins, vorausgesetzt, wir beherrschen ihre subtilen Regeln und handeln im Einklang mit unserem emotionalen System. Setzen wir unsere Veränderungen nicht im Einklang mit der Evolution, beantwortet unser Bewußtsein diesen Fehler durch negative Gefühlsauszeichnungen.
Die Installation von Gedanken stellt demnach ein wesentliches Instrument auf dem Wege zur Selbstbestimmung dar und führt die Meditationsstufen Zulassen, Körperfühlen, Mantrameditation sinnvoll weiter. Durch das Mittel der Setzung oder Installation von Gedanken sind wir unseren inneren Prozessen weniger stark ausgeliefert. Wir gewinnen inneren Freiraum.
Um sich den mentalen Mechanismus der Setzung von Gedanken klarzumachen, ist es zweckmäßig, zu sehen, wie wir zu Überzeugungen gelangen. Gewöhnlich entstehen Gedanken entweder spontan, zum Beispiel angeregt durch die Situation, in der wir uns befinden, oder werden gezielt gesucht, weil wir ein Problem lösen wollen.
Vermutlich würden wir in den meisten Fällen eher sagen, daß »es uns denkt«, als daß wir »selber denken«. Gedanken »überkommen« uns, oder »wir haben eine Idee«. Wobei das Subjekt, das willentlich denkt, meist merkwürdig vage bleibt, was die Verursachung der eigenen Gedanken angeht. Sind wirklich wir selbst es, die den Gedanken schaffen? Woher kommen die Gedanken? Warum denke ich gerade dies und nichts anderes?
Ein wichtiges allgemeines Charakteristikum unserer Ge-

danken liegt (1) darin, daß wir sie entweder für wahr oder falsch (bzw. für wahrscheinlich oder unwahrscheinlich) halten und daß wir (2) dem, was sie ausdrücken oder intendieren, irgendeinen Wert oder Unwert beimessen.
Beispiel: Ich denke vielleicht von mir, daß ich ein schlechtes Gedächtnis habe, und dies bewerte ich negativ. Um meinen Gedanken ernst zu nehmen, muß ich ihn zugleich – wenigstens implizit – für wahr halten.
Ich kann zwar lügen oder meine Behauptung nicht ganz ernst meinen. Oder ich kann als Schriftsteller eine Geschichte erfinden. In allen Fällen weiß ich jedoch um den Wahrheitsmodus dessen, was ich sage: nämlich, daß ich es für wahr oder für falsch, wahrscheinlich oder unwahrscheinlich bzw. für gelogen oder für fiktiv halte. Immer ist ein bestimmtes Realitätsverständnis intendiert.
Welche Rolle spielt diese Erkenntnis für unsere Absicht, bestimmte Gedanken wirksam werden zu lassen?

• Gewöhnlich kann nur das in uns wirksam werden, was wir auch für wahr halten.
• Versuchen wir uns dagegen von Gedanken bestimmen zu lassen, die wir nicht für wahr halten, dann scheitern wir damit in der Regel, weil wir nicht Beliebiges denken können.

Beispiel: Ich denke als Schauspieler, daß ich auf der Bühne kein Lampenfieber habe. Aber dagegen spricht meine Erfahrung, daß ich immer Lampenfieber hatte. Ich kann diesen Gedanken also nicht ernst nehmen. Ich halte ihn nicht für wahr. Und wenn ich ihn nicht für wahr halte, kann er sich auch nicht realisieren. Der bloße Gedanke reicht dazu nicht aus.
Die Auffassung eines beliebigen Sachverhalts wirkt dagegen unmittelbar, sobald wir ihn als »richtig« oder »zutreffend« ansehen und ruft damit Handlungen, Werterfahrungen, Gefühle, weitere Gedanken, wie Assoziationen,

Schlußfolgerungen, Interpretationen usw., aber auch körperliche Reaktionen hervor.
Beispiel: Glauben wir, unser Kind sei bei einem Autounfall ums Leben gekommen, dann beantwortet unser Körper diese Überzeugung in der Regel augenblicklich mit allen Symptomen der Panik oder tiefen Erschreckens wie Herzklopfen, Schweißausbruch und starken Emotionen, auch wenn sich im nächsten Augenblick herausstellt, daß es sich um einen bösen Scherz unseres Nachbarn handelt.
Ein wesentliches, die seelischen und physischen Veränderungen mit auslösendes Moment war also das Fürwahrhalten.
Wenn wir denken, wir seien krank oder verrückt, werden sowohl unser Körper wie auch unser emotionales System auf diese tatsächliche oder bloß vermeintliche »Wahrheit« reagieren. Es ist seit langem bekannt, das Gedanken (auch bleibende) biochemische Veränderungen im Körper hervorrufen können.

• Neben dem Fürwahrhalten ist ein zweiter entscheidender Faktor für die Realisierung eines Gedankens (einer Auffassung, eines Vorsatzes usw.) seine positive oder negative Gefühlsauszeichnung.
Sehen wir die Diät, die uns schlank machen soll, in einem positiven Gefühlslicht, tendiert diese Vorstellung viel eher dahin, sich zu realisieren, so daß wir unsere Diät durchhalten, als wenn wir sie in negativem Gefühlslicht sehen.

• Offenbar ist das positive oder negative Gefühl ein wesentlicher Faktor innerhalb unserer Motivationen. Und das ist auch gar nicht weiter verwunderlich, weil in Motivationen Werte erfaßt werden und Werte letztlich immer durch Gefühle konstituiert sind.
Die beiden Unterscheidungen »Fürwahrhalten« und »Gefühlsauszeichnung der Motivationen« erlauben es uns

nun, die entscheidende Frage für die Praxis des Gedankensetzen zu stellen:
Lassen sich Gedanken auch wirksam ohne diese beiden Momente setzen?
Die Antwort lautet: Beide Komponenten – Fürwahrhalten und Gefühlsauszeichnung – sind entbehrlich. Die Realisierung von Gedanken wird allerdings durch Skepsis, fehlende Erfahrung und andere Momente beeinträchtigt oder verhindert.
Im folgenden werden die wesentlichen Faktoren analysiert, die den Prozeß der Installation von Gedanken fördern oder behindern.

32 Die wesentlichen Aspekte des Gedankensetzens

Die Technik des Gedankensetzens (der »Installation von Gedanken«) wird wesentlich erleichtert und bewegt sich in sichereren Bahnen, wenn wir mit klaren Begriffen arbeiten und uns sowohl die Möglichkeiten wie auch die Schwierigkeiten der Methode deutlich vor Augen stehen. Die folgenden Unterscheidungen sollen Mißverständnisse ausräumen und auf wichtige Momente des Gedankensetzens hinlenken.

1. Fürwahrhalten:

Einen Gedanken als wahr anzusehen, bestimmt normalerweise dessen Realisierung, soweit er zu psychischen und physischen Wirkungen und Handlungs- und Reaktionsweisen führen kann. Beispiele: Wenn wir denken, wir seinen vergeßlich, wird unsere Vergeßlichkeit über die normale Grenze hinaus, die uns unser Gedächtnis setzt, verstärkt. Glauben wir von uns, wir seien »Pechvögel«, so drohen wir Fehler zu machen und uns in Situationen zu begeben, in denen wir Pech haben. Halten wir uns für mutiger als andere, werden wir auch mutiger handeln.

Neu zu installierende Gedanken können aber nicht einfach für wahr gehalten werden. Diese gegenläufige Komponente muß bei der willkürlichen Gedankensetzung kompensiert werden.

2. Negative Gefühlsauszeichnung:

Negative Gefühlsauszeichnungen von Gedanken werden angeschaut, nicht geflohen und als Widerspruch zur Gedankeninstallation im entspannten Zustand der Selbstzentrierung stehengelassen. Gewöhnlich ist die Gefühlsauszeichnung positiver oder negativer Art als Evidenz- oder als Wert- bzw. Motivierungsgefühl ein Faktor, der uns über die bloß inhaltliche Bedeutungskomponente des Gedankens hinaus zum Handeln oder Nichthandeln veranlaßt. Können wir diesen Aspekt wahrnehmen, dann ist es möglich, sich von ihm als handlungsauslösendem Faktor abzukoppeln, sich zu distanzieren. Dies eröffnet größeren inneren Handlungsspielraum, d. h. aber, mehr Freiheit.

• Stehen der Gedankeninstallation negative Gefühle entgegen, dann kann es, falls diese sich als sehr hartnäckig und hinderlich für unsere neue Einstellung erweisen, zweckmäßig sein, einen späteren Zeitpunkt für die Setzung eines Gedankens abzuwarten. Erfahrungsgemäß schwankt der Gefühlsaspekt. Es gibt günstigere und weniger günstige Zeiten.

3. Positive Gefühlsauszeichnung:

Sie unterstützt und realisiert den zu installierenden Gedanken – doch können wir nicht beliebig darüber verfügen. Allerdings ist es nützlich, sich ihre Funktion als Motivierung zu vergegenwärtigen, um sich gegebenenfalls von positiven Gefühlsauszeichnungen abzukoppeln, die im Widerspruch zu dem zu installierenden Gedanken stehen.

4. Negative Körpergefühle:

Jede Art von negativen Körpergefühlen wie Schmerzen oder Unwohlsein behindern und erschweren das Gedankensetzen, schließen es allerdings deswegen auch nicht aus. Um diesen Effekt zu vermindern, setzen wir die Technik des Körperfühlens ein (vergl. Kapitel 17, »Stufe zwei: Körperfühlen«).

Anmerkung: Negative Körpergefühle haben genauso wie Stimmungen die Eigenart, spontan als Gefühlsauszeichnungen von Werterfahrungen und Werturteilen in Anspruch genommen zu werden. Beispiel: Wenn Sie finanzielle Sorgen haben, wird ein körperliches Unbehagen, das vorher unter Umständen gar nicht bewußt wahrgenommen wurde (aber beim Körperfühlen wahrgenommen werden würde), einen wesentlichen Teil der negativen Gefühlsauszeichnung des Gedankens der Sorge (des »Unwerts«) darstellen. Der Gedanke liefert die Bedeutung der Bewertung, das Körpergefühl seine Ergänzung.

5. Skepsis:

Skeptische Gedanken sind kontraproduktiv und stören die Setzung willkürlicher Gedanken. Allerdings geschieht dies nicht zwangsläufig, vielmehr ist der richtige Umgang mit der Skepsis entscheidend. Werden skeptische Gedanken auf der nonverbalen Ebene (vergl. Kapitel 23, »Nonverbales, unanschauliches Denken«) gedacht, dann bemerken wir sie sehr oft nicht, sie bleiben »unbewußt«, bestimmen aber dennoch den Erfolg unseres positiven Denkens. Dies ist ein weiterer wichtiger Grund für das Versagen des positiven Denkens.

Deshalb wird jede Art von Skepsis oder gegensätzlichen Gedanken (Bedenken, Unsicherheit, Unklarheit) als Widerspruch stehengelassen. Es wird nicht versucht, unseren Unglauben, daß sich ein willkürlich gedachter Gedanke realisieren könnte, argumentativ zu entwerten oder zu verdrängen. Vielmehr werden Skepsis und zuwiderlaufende Vorstellungen wie in der Technik des Zulassens als bloßer Störfaktor wahrgenommen, dessen Einfluß neutralisiert wird und dessen Energie sich von selbst erschöpft, wenn wir ihn nicht annehmen.

6. Wahrheit gegensätzlicher Gedanken:

Stärker noch als Skepsis verhindert das berechtigte oder auch nur vermeintliche Fürwahrhalten von Gedanken, die zum angestrebten Gedanken im Widerspruch stehen, dessen Realisierung. Beispiel: Wenn wir im Leben genügend Beweise dafür gesammelt zu haben glauben, daß wir krankhaft eifersüchtig sind, dann wird das Setzen einer positiven neuen Haltung frei von Eifersucht erschwert.

Hier ist es wichtig, sich zu vergegenwärtigen, daß der Grund, so oder so zu reagieren, nicht unbedingt ein für allemal (z. B. genetisch) festgelegt ist, sondern daß unsere negative Reaktionsweise auch durch Erfahrung und Lernen erworben worden sein kann. Die Kognitive Therapie kann uns darüber belehren, daß die innerliche Fortschreibung – die unzulässige Verallgemeinerung von allen bisherigen Fällen auf alle zukünftigen Fälle – eine wesentliche Voraussetzung für das Weiterbestehen ist. Unser Denken wird so zur selbsterfüllenden Prophezeiung.

In einer Haltung des theoretischen Einklammerns können wir jedoch die scheinbare Wahrheit unserer Überzeugung für die Zeit unserer Übung außer Kraft setzen.

7. Erfahrung willkürlicher Gedankeninstallation:

Daß sich Gedanken auch ohne Fürwahrhalten installieren lassen, ist ein sehr wirkungsvoller Faktor ihrer Realisierung, der vor allem auf Erfahrung beruht. Er kann das Fürwahrhalten ersetzen, das normalerweise Gedanken realisiert, weil er selbst ein Fürwahrhalten (hier allerdings der Wirksamkeit der Methode) ist.

8. Absicht, Wollen, Wertschätzung und Wunsch:

Diese sind unentbehrlich – wenn das Fürwahrhalten fehlt –, um einen zu installierenden Gedanken wirksam werden zu lassen. Fehlt das Wollen und die Wertschätzung, ist die Absicht nicht ernsthaft, sondern »uneigentlich«, dann kann sich der Gedanke nicht realisieren.

Von Schopenhauer stammt das Aperçu, daß man zwar manchmal tun kann, was man will, aber nicht »wollen, was man will«. Wollen kann jedoch mit denselben me-

thodischen Mitteln wie die Skepsis behandelt werden. Insofern unterschätzte Schopenhauer die Möglichkeiten des meditativen Bewußtseins.
Wollen zeigt einen gedanklichen Aspekt (die Bedeutung des erfaßten Gedankens, daß wir wollen oder nicht wollen). Nichtwollen als Gedanken können wir jedoch wie Skepsis als Störfaktor stehenlassen. Wollen kann darüber hinaus auch von einer Gefühlsauszeichnung begleitet sein, von der wir uns bei genügender Introspektion und Verfeinerung des Blicks ebenfalls distanzieren und abkoppeln können. Diese Aspekte des Wollens begründen die Möglichkeit der »Wollenssetzung«.

9. Nonverbales Denken:

Das ist das direkte Verwirklichen eines Gedankens, vorausgesetzt, er wird nicht behindert. Anders als beim verbalen Denken besteht hier keine Gefahr, daß das, was wir verbal denken, auf der nonverbalen Ebene nicht ernstgenommen wird. Meditation kann dazu führen, daß das nonverbale Denken bewußter und damit auch steuerbarer wird.

10. Verbales Denken (Formeln):

Formeln eignen sich zur Lenkung der Aufmerksamkeit auf die zu verwirklichenden Gedanken. Die (rhythmische) Wiederholung der Formel kann ihre Realisierung begünstigen. Doch darf die Bedeutung der Formel nicht naiv mit dem Gedanken gleichgesetzt werden: Es kann ein Widerspruch (Skepsis, Uneigentlichkeit) bestehen zwischen der Bedeutung der verbalen Formel und dem, was auf der nonverbalen Ebene gedacht wird. Dies ist ein weiterer wesentlicher Grund dafür, warum positives Denken scheitern kann.

Bei der Wiederholung der Formeln ist es nützlich, sich in den Pausen zwischen den Wiederholungen auf möglichst zwanglose (nicht-konzentrative, »spontane«) Weise dem gleichen Gedanken in nonverbaler Form zuzuwenden. Sollte dies möglich sein, wird der gedankeninstallierende Effekt verstärkt.

11. Zustand der Selbstzentrierung:

Die besten Erfolgsaussichten bietet ein klarer Zustand der Selbstzentrierung, indem der zu installierende Gedanke in nonverbaler Form gedacht wird.

Im Zustand der Selbstzentrierung, Verfeinerung und ruhevollen, entspannten Wachheit kann der Gedanke besonders wirksam angesetzt werden und verwirklicht sich leichter als im normalen Alltagsbewußtsein oder bei der bloßen Wiederholung sprachlicher Formeln. Hier lassen sich auch am ehesten Wollensentscheidungen setzen und Zweifel und hinderliche Gefühlsauszeichnungen neutralisieren.

33 Regeln der Gedankeninstallation

Die vorausgegangenen Definitionen stellen wichtige Gesichtspunkte und Unterscheidungen zur Installation von Gedanken dar, aber sie geben erst wenige konkrete Regeln ab.

Wie sollen diese Gesichtspunkte praktisch umgesetzt werden?

Nach der Mantrameditation, wenn Sie sich in einem Zustand der Ruhe, Entspannung und Selbstzentrierung befinden und kaum noch von Gedanken und anderen Wahrnehmungen abgelenkt werden, beginnt die Phase des Gedankensetzens. Denken bedeutet hier:

• *Willkürlich* das zu denken, was wir für uns, für unsere körperliche und seelische Gesundheit, unser Verhalten, unsere Reaktionen, unsere Leistungsfähigkeit, unser Denken und Fühlen wünschen.

Ihre Wünsche sollten realistisch und weder »okkult« noch »esoterisch« sein. Unrealistisch wäre es beispielsweise, wenn sich ein Einarmiger seinen zweiten Arm zurückwünschte.

Realistisch wäre dagegen der Wunsch, unnötige negative Gedanken aufzugeben.

Realistisch wäre es, wenn wir sehr schüchtern sind, den Gedanken zu setzen, nicht schüchtern zu sein.

Diese beiden Beispiele demonstrieren auch bereits zwei wichtige Typen des Gedankensetzens: den *allgemeinen* und den *individuellen* Vorsatz:

Nicht über Gebühr mit den Negativitäten des Lebens zu hadern, sich statt dessen vom Negativen abzuwenden und es nur zu berücksichtigen, wenn dies sachlich erforderlich ist, kann als eine *allgemeine* Verhaltensstruktur angesehen werden, die für alle geeignet ist. Sie stellt so etwas wie ein »positives evolutionäres Muster« dar. Schüchternheit ist demgegenüber eine sehr viel *individuellere* Schwäche. Sie werden also, was Ihre individuellen Probleme anbelangt, auch eine individuelle Analyse für sich vornehmen müssen. Diese Arbeit kann Ihnen allenfalls ein Therapeut abnehmen.

Im Kapitel »Unser emotionales System« wurden bereits einige wesentliche allgemeine Strukturen oder »Verhaltensmuster« aufgeführt, die Negativität begünstigen oder vermindern und Positivität fördern. Wie können solche Gedanken konkret eingesetzt werden?

Ganz einfach, indem Sie den Sinn dessen denken und annehmen, was in diesen mentalen Gesetzmäßigkeiten ausgedrückt ist – indem Sie sich wünschen, daß er für Sie Realität werden möge und dies durch Ihre Absicht in die Tat umsetzen.

Prinzipiell stehen Ihnen dafür zwei Möglichkeiten offen: Sie können den Gedanken als sprachliche Formel denken, und dies ist zweifellos die gängige und einfachere Methode. Sie können ihn aber auch, falls Sie dafür bereits ein verfeinertes Wahrnehmungsvermögen besitzen, gleich in nonverbaler Form denken.

• Beispiel: Wählen wir bewußt unsere stetige Entwicklung und Evolution anstelle von Stagnation, Routine und Wiederholung und einer bloßen Kette von Unterhaltung und Vergnügen – die lediglich einen Wechsel gegenüber einer irgendwie gearteten Weiter- und Höherentwicklung darstellt –, dann wird der Sinn dieses Verhaltensmusters zur Kurzformel: »Stetige Entwicklung«.

Dabei setzen Sie den Gedankenimpuls verbal, oder – falls Sie dazu imstande sind – auch nonverbal, indem Sie ihn einige Male und in Abständen von vielleicht fünfzehn Sekunden wie ein Mantra denken.

• Sie setzen den Impuls und lassen ihn wieder los. Sie versuchen ihn nicht in irgendeiner Weise »festzuhalten«.

Sie spannen nicht Ihre Muskulatur dabei an. Sie »konzentrieren« sich auf so leichte Weise, daß nirgendwo, etwa im Augen- und Kopfbereich, eine negative Gefühlsspannung entsteht. Entsteht Sie doch, so lassen Sie sie wie bei der Technik des Zulassens und Körperfühlens zu und wenden sich wieder dem in der Entspannung gedachten Gedanken zu. Sie setzen – so könnte man sagen – *einen leisen Impuls von Absicht*, nicht mehr.

Für zu starke »Konzentration« gilt, was wir auch schon bei den Regeln der Mantrawiederholung gefunden haben: Unsere Aufmerksamkeit versucht nicht durch Anspannung bei der Formel oder beim nonverbal gedachten Gedanken zu bleiben. Abschweifungen, die sich natürlich und unabsichtlich ergeben, sind kein Fehler.

• Wir akzeptieren die innere Dynamik solcher Abschweifungen, ohne sie deswegen zu suchen. Wir akzeptieren den Prozeß genau so, wie er sich nach dem augenblicklichen Zustand unseres Nervensystems einstellt.

• Zu starke Konzentration kann einen »Meditationskater« ähnlich dem Muskelkater hervorrufen, der sich in den folgenden Tagen als Anspannung im Kopfbereich äußert und die weitere Zuwendung zur Formel fast unmöglich macht.

Nehmen Sie dabei zum Beispiel ein Gefühl der Skepsis und des Unglaubens wahr, finden Sie Ihre Absicht »naiv«, »illusorisch« oder »lächerlich«, denken Sie gar, Sie sollten sich »belügen« oder zu etwas überreden, das offensichtlich »unzutreffend« ist, so lassen Sie solche störenden Gefühle und Gedanken stehen und versuchen nicht, sie zu verdrängen oder aufzuheben.

Rufen Sie sich noch einmal in Erinnerung, daß es nicht darum geht, sich etwas vorzumachen oder sich selbst zu belügen. Beim Gedankensetzen gaukeln Sie sich nicht vor, Sie seien bereits das, was Sie erst als Haltung oder Gedanke setzen wollen.

• Mit dem Gedankensetzen wird Ihr kritisches Urteilsvermögen nicht eingeschränkt, sondern Ihre Erfahrung wird vielmehr um die für Ihre weitere mentale Verfassung entscheidende Einsicht erweitert, daß zur positiven Veränderung kein Fürwahrhalten im Sinne »Dies ist jetzt wahr« nötig ist.

»In der Hypnose kann man sich einbilden, ein König zu sein. Doch wenn man die Augen öffnet, ist man immer noch ein Bettler.«[19] Und nämliches gilt für die Autosuggestion. Das Gedankensetzen scheitert leicht an diesem Mißverständnis. Vergegenwärtigen Sie sich statt dessen, was Sie schon nach einigen ernsthaften Versuchen entdecken werden:

• Gedanken können einfach dadurch wirken, daß Sie sie setzen, vorausgesetzt, sie werden nicht in ihrer Realisierung durch andere Faktoren behindert. Sie sind mit den wesentlichen Aspekten des Gedankensetzens vertraut, wie sie oben beschrieben wurden: Fürwahrhalten, negative und positive Gefühlsauszeichnung, negative Körpergefühle, Skepsis, Wahrheit gegensätzlicher Gedanken, Erfahrung willkürlicher Gedankeninstallation, Absicht, Wollen, Wertschätzung und Wunsch, nonverbales Denken, verbales Denken, Selbstzentrierung. Sie können daher jederzeit auf diese Einsichten und Unterscheidungen zurückgreifen und Ihr Gedankensetzen korrigieren, falls Probleme auftreten. Es genügt dann, sich diese Sachverhalte vor Augen zu führen und ihre Richtigkeit zu erkennen.

Das Programm der Gedankeninstallation im EQ-Training umfaßt drei Formen:

1. Kognitive Regeln.
2. Allgemeine Formeln als Entwicklungsmuster.
3. Individuelle Formeln.

Sie werden in den folgenden Kapiteln behandelt: 34 »Kognitive Regeln der Gedankeninstallation«; 35 »Übersicht der kognitiven Stichworte«; 36 »Allgemeine Formeln der Gedankeninstallation«; 37»Individuelle Formeln der Gedankeninstallation«.

Im Unterschied zu allgemeinen und individuellen Formeln werden die kognitiven Regeln nicht wie Mantras wiederholt, einerseits, weil dies nicht nötig wäre, und andererseits, weil ihre Bedeutung zu komplex ist.

Ihr Wirkungsmechanismus ist nicht die Setzung, sondern die intellektuelle Einsicht. Kognitive Regeln wirken, sobald wir ihre Richtigkeit eingesehen haben und wenn wir sie sicher beherrschen, d. h. uns jederzeit in Erinnerung rufen können, warum sie von Wert für uns sind.

• Es reicht aus, sich ihre Bedeutung genügend oft in der Selbstzentrierung zu veranschaulichen und sich ihrer Wahrheit soweit zu vergewissern, daß sie als determinierende Tendenzen des Bewußtseins wirken können. Dies geschieht über die Wiederholung der zugeordneten Stichwörter 1 bis 15 im Kapitel 34, die jeweils den Sinn der Regel zusammenfassen. Im Kapitel 35 werden diese Stichworte noch einmal aufgelistet.

Um sicher beherrscht zu werden, sollten sie allerdings auswendig gelernt werden. Entscheidend ist dabei nicht die wörtliche Rekapitulation, sondern ihre klar erfaßte Bedeutung. Können wir den Sinn der kognitiven Regeln nicht aus dem Gedächtnis wiedergeben, dann dürfen wir auch nicht davon ausgehen, daß sie als determinierende Tendenzen wirken.

• Das der jeweiligen Regel zugeordnete Stichwort sollte also in der Erinnerung soweit mit dem erlernten Inhalt gekoppelt sein, daß es jederzeit möglich ist, sich den wesentlichen Gedankenzusammenhang zu vergegenwärtigen.

EQ-Training vermittelt Ihnen dazu auf der begrifflichen psychologischen und philosophischen Ebene zum ersten Mal genügend differenzierte und präzisierte Anschauungen. Damit ist EQ-Training auch ein gutes Stück »praktischer Philosophie« im besten Sinne des Wortes und jenseits des philosophischen Elfenbeinturms bloßer Theorie.

34 Kognitive Regeln der Gedankeninstallation

Als Übersicht werden noch einmal jene wichtigsten allgemeinen Strukturen aufgeführt, durch die unnötiges Leiden vermindert und Positivität vermehrt wird. Diesmal jedoch anders als im Kapitel »Unser emotionales System« auch positiv formuliert. Dabei wird detaillierter auf die einzelnen Punkte eingegangen:

• *Entwicklung und Evolution statt Stagnation* (1):
Wird das Lebensziel im allgemeinsten Sinne – die Erfahrung von Werten über positive Gefühle und die Verminderung von Unwerten durch negative Gefühle – nicht hinreichend klar erkannt, kommt es leicht zu Desorientiertheit, Resignation, Kraft- und Ziellosigkeit.
Solche Werte lassen sich aber am sichersten und umfassendsten durch das Streben nach ständiger Selbstvervollkommnung und Weiterentwicklung realisieren.
Weniger effektiv und langfristig nicht in gleicher Weise erfolgreich ist eine bloße Kette von Werterfahrungen, wie sie zum Beispiel Konsum und Vergnügen darstellen: die im eigentlichen Sinne »hedonistische« Variante der Lebenseinstellung, also das, was wir im Alltag als »Lust« und »Spaß«, als »Genuß« und »Freude« bezeichnen. Solche Einstellungen und Werterfahrungen sind nicht falsch, sondern ganz im Gegenteil durchaus erstrebenswert, doch reichen sie für ein erfülltes und als sinnvoll angesehenes Leben nach aller Erfahrung nicht aus.
Ähnlich unzweckmäßig ist die Einstellung, überwiegend

nach Mitteln zu streben: Geld und Besitz sind nützliche Mittel nur dann, wenn sie auch tatsächlich jene emotionale Basis des Erlebens schaffen, von deren Gnaden sie überhaupt erst echte Werte zu sein vermögen.
Wer nur für Mittel und leichte Vergnügen lebt, bewegt sich meist intuitiv und nicht reflexiv von einer Werterfahrung zur anderen. Das Leben wird aber in dieser Haltung nur als befriedigend erlebt, solange die Kette des Vergnügens und der Mittel anhält. In Phasen ausbleibender Werterfahrung oder großer Belastung droht es zu Fehlinterpretationen über den »Sinn des Lebens« zu kommen. Weil das Hauptprinzip der Werterfahrungen nicht erkannt wurde, fällt das Durchhalten und die Neuorientierung schwer. Den Dingen, nicht den Gefühlen wird dann ein negativer Wertcharakter zugeschrieben. Und in der verständlichen Überzeugung, daß es sich bei der Beschreibung der Wertdinge um objektive und damit auch allgemeingültige Beschreibungen handelt, unterliegen wir wieder einmal dem objektivistischen Fehlschluß mit all seinen negativen Folgen. Das können alle Arten von unangenehmen emotionalen Erscheinungen, von Leere, Langeweile, Depressionen, psychische und psychosomatische Krankheiten und – im schlimmsten Fall – Selbstmordgedanken und Selbstmord sein. Oder aber die Folgen sind mehr gesellschaftlicher Natur, wie z. B. Fundamentalismus, Terrorismus, Rassenhaß. *Denn objektiv und allgemeingültig aufgefaßte Werte führen leicht dazu, daß man sie anderen aufzuoktroyieren versucht.*
Innerhalb des Strebens nach Werterfahrung durch Entwicklung sind diejenigen Werterfahrungen am wirkungsvollsten, die ihren Wert als Sinn zeigen, und hier vor allem einen Sinn in Richtung auf die Evolution des ganzen emotionalen Systems, das Menschen untereinander bilden.

Ein Leben ist dann erfüllt, wenn wir danach streben, es in seiner ganzen möglichen Fülle zu leben. Das bedeutet, die Summe des Positiven so gut es geht zu erhöhen und die Summe des Negativen zu vermindern. Bewußt das Positive zu wählen, sich der Wahl des Negativen in seinen zahllosen Erscheinungsformen immer bewußter zu werden und sie immer konsequenter zu vermeiden, ist ein allgemeines Prinzip größter Wirksamkeit, das geistige und seelische Gesundheit schafft. An diesem Umstand ändert auch die Tatsache nichts, daß wir manchmal wenig erfolgreich damit sind. Einer der Gründe für diese Erfolglosigkeit ist das Fehlen klarer Ziele und Unterscheidungen.
Kognitives Stichwort: »Stetige Entwicklung«.
(Anmerkung: Solche Stichworte als Repräsentanten kognitiver Regeln werden, wie bereits ausgeführt, nicht wie Mantras wiederholt, sondern nur genügend oft im Zustand der Selbstzentrierung vergegenwärtigt, um sicherzustellen, daß ihr Sinn als determinierende Tendenz wirken kann.)

• *Optimierung des Positiven im Leben und Verminderung des Negativen* (2):

Das klare Bekenntnis zu den Werten des Lebens in der Weise, wie sie sich in ihrer Verbindung von Objekten und Gefühlen zeigen, bedeutet zugleich auch, nicht zu verzichten, nicht weniger zu wollen, als möglich ist. Der allgemeinste Sinn des Lebens ist die Erfahrung von Werten. Demzufolge ist der höchste Sinn des Lebens die Erfahrung von Werten in größter Qualität und Quantität. Diese These leitet sich allein aus der Evidenz und dem Maß der Attraktivität ab, die sich im Werterleben zeigen. Das Ziel sollte also die Fülle sein. Verzicht, Askese, Einfachheit sind nur dann höhere Werte, wenn sie für den einzelnen wiederum ihre Überlegenheit als Gefühlswerte erweisen. Es ist wichtig, sich zu diesem Prinzip zu bekennen, denn es handelt sich auch um eines der evolutionären Muster zur Vermeidung von Depressionen. In der Depression sehen wir uns als inaktiv und weitgehend hilflos der Wert- und Sinnlosigkeit des Lebens ausgesetzt. Doch bereits der leise Impuls – als Entscheidung für den Versuch und die Hoffnung –, trotz aller realen Schwierigkeiten ernsthaft und nicht nur als Lippenbekenntnis die Optimierung des Positiven im Leben und Verminderung des Negativen anzustreben – und zwar sowohl für uns selbst wie auch für alle anderen –, läßt unser emotionales System positiv in Richtung Verminderung depressiver Stimmungen reagieren.

Kognitives Stichwort: »Optimierung des Positiven«.

• *Wert- und Unwerterfahrungen durch positive und negative Gefühle* (3):

Sinn und Wert sind, wie wir gesehen haben, eng an die Erfahrung von Gefühlen gekoppelt. Es ist daher wichtig, seinen individuellen Lebenssinn und seine Werte in diesem Sinne zu wählen. Abstrakt bleibende Wertfiktionen, scheinbar objektive und allgemeingültige Werte, womöglich als Pflicht und Entsagung oder erst im fernen Paradies zu erlangen, führen fast zwangsläufig zu Leere, Langeweile und Unausgefülltsein. Unser emotionales System erkennt schon lange, bevor wir uns dessen begrifflich bewußt sind, daß wir uns auf dem Holzweg befinden.

Kognitives Stichwort: »Gefühlswerte«.

• *Nichtanhaften an den Werten* (4):

Wir können uns oft von bestimmten Unwerten nicht lösen (z. B. einer Sucht), weil uns positive Bewertungen und Gefühle zu stark binden. Oder das Flucht- und Verdrängungsverhalten gegenüber negativen Gefühlen und Unwerten ist so groß, daß die bewußte Umorientierung auf positive Ziele behindert wird. Wir glauben dann, nicht frei zu sein.

Tatsächlich kann man jedoch trotz anziehender oder abstoßender Gefühle wählen. Es ist möglich, auch an Werten, denen wir uns irrtümlich ausgeliefert fühlen, nicht zu haften. Wir können uns von den Gefühlen abkoppeln, das beweisen die Erfolge solcher Techniken wie Zulassen und Desensibilisierung. Meditation kann uns zeigen, inwiefern diese scheinbare Grenze oder Bindung doch keine echte Grenze ist.

Einige Menschen verfügen offenbar spontan über die Fähigkeit, was sie lieben, trotzdem loslassen zu können. Andere sind darauf angewiesen, diese Haltungen erst zu erlernen.

»Völliges Nichtanhaften ist allerdings nicht möglich, nicht einmal für einen kurzen Augenblick, wie etwa bei der Wahl des Freitods. Denn auch das, was im Nichtanhaften angestrebt wird, ist ein Wert, an dem man haftet. Anders ausgedrückt: Nichtanhaften ist selbst ein Anhaften.«[20]

In ähnlicher Weise, wie wir durch Anhaften am Positiven, welcher Ausprägung auch immer, zu Sklaven und Marionetten unserer Wertvorstellungen werden, versuchen wir durch Flucht und Vermeiden dem Negativen in seinen vielfältigsten Erscheinungsformen zu entgehen. Dieser legitime und verständliche Wunsch kann, wenn er zu stark wird, neues Leiden erzeugen. In den Kapiteln über »Zulassen« sollte bereits ein Weg deutlich genug geworden sein, wie man dieser Gefahr begegnen kann.

Kognitives Stichwort: »Nichtanhaften«.

• *Kein zu radikales Vermeiden negativer Erfahrungen, kein unerfüllbares Ideal absoluter Vermeidung negativer Erfahrungen* (5):

Bisher gibt es keine Belege dafür, daß ein Leben ohne negative Gefühle möglich wäre. Auch die Klügsten und Weisesten müssen leiden. Das (meist) unausgesprochene Ideal, völlig frei zu werden von Anstrengungen und Schmerzen, kann zu einem hinderlichen Faktor in der Be-

wertung des Lebens werden, besonders wenn es unbewußt bleibt und durch seine unrealistische Forderung die Verwirklichung positiver Werte stört.
Kognitives Stichwort: »Völlige Freiheit vom Negativen ist illusorisch«.

• *Keine Glorifizierung des Negativen als Mittel* (6):
Umgekehrt sollte das Negative nicht als Wert an und für sich angesehen werden, auch wenn diese Ansicht weit verbreitet ist, denn das führt zu unnötigem Leiden. Das Negative, soweit es überhaupt Wert hat, darf wie die objektiven Dinge lediglich als Mittel zu positiven Gefühlswerten akzeptiert werden. Läßt es sich nicht beseitigen, kann es jedoch in zulassender Haltung hingenommen werden. Ist das Negative kein Mittel, dann ist es auch kein Wert.
Kognitives Stichwort: »Negatives allenfalls als Mittel.«

• *Moralisches Handeln fördert unser Glück* (7):
Erfahrung und Introspektion zeigen, daß wir innerhalb unseres emotionalen Systems moralisch handeln müssen, wenn wir nicht unnötig leiden wollen. Ein Höchstmaß an erreichbarer Positivität und Freiheit von Negativität, wie es jeder anstreben würde, der die tatsächliche (faktische) Erfahrung dieser Wertqualitäten hat, ist nur zu erreichen, wenn wir anderen nicht schaden, sondern ihnen vielmehr zu nützen versuchen. Schaden von anderen fernzuhalten und ihre positiven Werterfahrungen zu vermehren, ist die Definition moralischen Handelns. Daß im Einzelfall die gute Absicht dem anderen auch Schaden zufügen kann, ändert nichts an der tendenziellen Richtigkeit dieses Prinzips.
Kognitives Stichwort: »Moralisches Handeln«.

• *Kein Verwechseln von objektiven Werten und kontingenten Gefühlsauszeichnungen* (8):
Zahllose Probleme rühren allein daher, daß wir unsere Gefühle für objektive Werteinsichten halten. Mag jemand

etwa keine Ausländer, so erscheinen sie ihm »objektiv« negativ. Gewiß wird man in aller Regel »gute Argumente« dafür anführen können, die solche Gefühle der Abneigung berechtigt erscheinen lassen.
Dann beschreibt man, warum man eine Abneigung hat. Und dies sind in der Regel Definitionen, die zeigen sollen, aus welchen Gründen der andere für uns einen Unwert darstellt. Mit anderen Worten, wir klassifizieren den anderen als »negatives Mittel«. Er ist ein Faktor, der Negatives verursacht.
Beispiel: Wir schreiben dem Fremden, der in unser Dorf kommt, eine Gefahr für unseren Besitz oder Leib und Leben zu, weil wir meinen, Fremden das eher zutrauen zu müssen als Einheimischen. Dieser Schluß ist aber guten Grundes oft gar nicht zu ziehen. Selbst wenn Statistiken dafür sprechen, handelt es sich meist um Vorurteile. Jeder Mensch ist individuell zu beurteilen. Ebensogut könnte dieser Fremde schon am nächsten Tag unser Lebensretter sein. Die Einsicht, etwas sei ein negatives Mittel, ist also oft nur scheinbar rational.
Es scheint eher so, als diene dann die Begründung nur zur Rechtfertigung unserer ablehnenden, negativen Gefühle, und es seien eben nicht die Gefühle, die den Einsichten folgten, sondern umgekehrt.
Ohne Verständnis der eigenen Gefühle, wie es in unserer Analyse der Werterfahrungen entwickelt wurde, ist diesem Anschein der Objektivität kaum beizukommen. Einsicht in die Kontingenz und Abkoppelung von der Bestimmung unserer Handlung durch irrationale Gefühle kann geradezu als eine der Säulen der Aufklärung bezeichnet werden.
Im zwischenmenschlichen Bereich hilft man sich oft damit, daß durch Kommunikation und persönlichen Kontakt Vertrauen und Sympathie geschaffen werden. Gefühle verändern sich dann, indem sie von anderen Gefühlen,

die sich aus dem zwischenmenschlichen Bereich ergeben, verdrängt und abgelöst werden. Doch dieser Weg ist, ebenso wie der weltanschaulich argumentierende, alle Menschen seien gleich und also auch gleich zu behandeln, nur beschränkt gangbar. Wenn unsere falsch verstandenen Gefühle dagegen sprechen, werden wir weiter durch den Anschein der Objektivität irregeführt.
Kognitives Stichwort: »Gefühle begründen Wert und Unwert«.

• *Keine Mittel ohne Bezug auf Gefühle* (9):
Werte als Mittel sind nur dann problematisch, wenn sie am Ende nicht zu Gefühlswerten führen.
Beispiel: Wir haben lange Zeit in der mehr oder weniger intuitiven Annahme nach Besitz und Geld, nach Macht und Ruhm gestrebt, das werde uns »glücklich« oder doch wenigstens zufrieden und relativ frei von Leiden machen. Bleibt diese Art der Erfüllung jedoch aus, leiden wir statt dessen an Langeweile, Überdruß und Freudlosigkeit, dann sind wir zum Opfer unserer Desorientiertheit und unseres mangelnden Verständnisses der Werte geworden. Wir haben nicht erkannt, daß es letzten Endes die Gefühle sind, auf die es im Leben ankommt.
Außerdem werden Werte als Mittel leicht für Werte an und für sich, also ohne Beziehung auf Gefühle gehalten. Man glaubt etwa fälschlich, Gefühle arbeiteten nur dem Leben (als Wert an sich) zu, und nicht das Leben den Gefühlen.
Aber auch wenn wir Werte als Mittel zu beurteilen versuchen, kommt es oft zu Fehleinschätzungen, was ihre Wirkung auf unser emotionales System anbelangt. Ganze Bundestagsdebatten werden wegen solcher vermeintlich plausiblen Werte als Mittel geführt, obwohl ihre tatsächliche Funktion im Gesamtzusammenhang des Lebens oft gar nicht abzusehen ist.

Es ist also wichtig, jene Werte zu wählen, die nützliche Mittel darstellen, um ein emotional befriedigendes Leben zu erreichen.
Werte als Mittel, die dann nicht zu Gefühlswerten führen, sind eine Gefahr für unser emotionales System. Der Volksmund drückt das etwa mit der Spruchweisheit auf: »Geld allein macht nicht glücklich«.
Kognitives Stichwort: »Mittel ohne Beziehung zu Gefühlen wertlos«.

- *Handeln entsprechend unserem emotionalen System* (10):

Erst das Verständnis, daß wir uns in einem emotionalen System bewegen, dessen Summe und Qualität zu einem großen Teil von den Bedingungen abhängt, die wir – als oft nur vermeintlich isolierte Faktoren – selbst schaffen, erlaubt es uns, gezielter auf die Vermehrung von Positivität und die Verminderung von Negativität hin zu handeln.
Kognitives Stichwort: »Orientierung am emotionalen System.«

- *Werte ohne negative Kehrseiten* (11):

Wenn wir unserem emotionalen System gemäß handeln wollen, ist es wichtig, den Doppelcharakter mancher Werte zu erkennen und solche Werte zu meiden. Positivität führt oft zugleich zu Negativität. Offenbar besteht ein nicht geringer Teil der Kunst des Lebens darin, möglichst nur jene Werte zu wählen, die nicht auch negativ wirken. Rauchen mag ein Genuß sein, macht aber krank. Eine schmackhafte Nahrung kann zugleich förderlich für die Gesundheit, also positives Mittel sein, das Leiden und Krankheiten verhütet, oder außerdem auch schädlich. Orientieren wir unser Handeln daran, Wertambivalenzen zu vermeiden, nimmt die Positivität im Leben zwangsläufig zu.
Kognitives Stichwort: »Wertambivalenzen vermeiden«.

• *Verwirklichung der individuellen Fähigkeiten und Bedürfnisse* (12):
Selbstverwirklichung bedeutet, seine individuelle Aufgabe in dieser Welt, seinen persönlichen Platz im Leben zu finden, was unser emotionales System mit einem Höchstmaß an positiven Gefühlen und Werterfahrungen beantwortet.
Unser emotionales System reagiert dagegen negativ (Langeweile, Frustration, Aggression, Depression, Krankheit), wenn wir uns nicht entsprechend unserer individuellen Begabungen verhalten.
Kognitives Stichwort: »Selbstverwirklichung«.
• *Keine Orientierung an uns nicht gemäßen Wertvorstellungen* (13):
Entsprechend führt es zu negativen Gefühlen der Selbstentfremdung, sich überwiegend an fremden Wertvorstellungen und Idealen zu orientieren. Nicht, daß wir uns von außen leiten lassen, ist dabei das Problem, sondern das Fehlen authentischer Werterfahrungen. Die Leitung durch von außen gegebene Werte muß durch die Antwort unseres emotionalen Systems bestätigt werden.
Kognitives Stichwort: »Eigene Werte«.
• *Keine unnötige Wahl des Negativen* (14):
Pessimismus, Aggressivität, Frustration, aber auch schlichtweg Unwissenheit über den Wert und Sinn des Lebens, lassen uns oft unzweckmäßig handeln und das Negative wählen, anstatt uns auf positive Ziele auszurichten.
Ebenso bevorzugen wir durch einseitige Betrachtungsweise zu oft das Negative. Der Pessimist sieht bekanntlich ein halbleeres Glas vor sich, der Optimist ein halbvolles. Wir hadern, kritisieren, werten ab, wo wir auch problemlos darauf verzichten könnten, vor allem, wenn Kritik nicht produktiv ist. Wir argumentieren dann, das sei aber doch nun einmal die Wahrheit oder Realität – als zwängen uns

negative Wahrheiten auch schon dazu, ihnen ständig breiten Raum in unserem Bewußtsein einzuräumen.
Unsere negative Wahl führt jedoch leicht zu weiteren negativen Reaktionen. Sie beeinflußt unsere Stimmungslage und verdirbt das Klima. Sie wirkt als negatives Vorbild und hemmt positive Entwicklungen. So ist die willkürliche Wahl des Negativen wiederum nicht nur partikular und isoliert zu sehen, sondern bestimmt durch die Reaktion unseres emotionalen Systems auch mit, ob wir noch mehr leiden müssen.
Kognitives Stichwort: »Keine negative Wahl«.
• *Wahl von Gedanken- und Gefühlseinstellungen* (15):
Weit verbreitet ist ein fälschlicher, teils unbewußter Bewußtseinsdeterminismus. Wir erleben uns nicht als Denkende, sondern »es« denkt uns. Woher kommen die Gedanken? Weil wir nicht immer beliebig über unsere Gedanken verfügen können, ziehen wir den falschen Schluß, wir könnten überhaupt nicht über unsere Gedanken verfügen. Die Möglichkeit der Wahl von Gedanken- und Gefühlseinstellungen wird nicht erkannt. Wir erleben unsere kleinen Marotten und großen Schwächen, unsere Ängste und unerwünschten Reaktionen oft als unausweichlich. Wie schon erwähnt, gehen von starken Gefühlen der Hilflosigkeit und Unausweichlichkeit Gefahren aus. Es können sich negative Lernmuster bilden (Kapitel 16, »Erleichterungserwartungen«).
Versuche in der Meditation und Therapie zeigen jedoch, daß der Bereich der Veränderbarkeit unendlich viel größer ist, als man gemeinhin glaubt.
Ist es der Aufmerksamkeit erst einmal möglich, subtilere – und hier vor allem nonverbale und unanschauliche Gedanken, innere Haltungen und Fühlweisen wahrzunehmen, dann öffnet sich damit auch ein Feld der positiven Beeinflussung, von dem sich ein normaler Mensch kaum

Vorstellungen machen kann. Nicht alles ist durch solche mentale Umorientierung möglich. Aber es wird Ihnen zweifellos gelingen, deutlich mehr Positivität und weniger Negativität in Ihr Leben zu bringen.
Kognitives Stichwort: »Gedankensetzen«.

• Alle diese Strukturen können als »evolutionäre Muster« angesehen werden, deren Realisierung in unserem Bewußtsein nach und nach zu einer positiveren mentalen Verfassung führt. Einige dieser Muster mögen Ihnen vielleicht selbstverständlich, ja trivial erscheinen. Doch es ist ein wesentlicher Unterschied, ob Sie solche Gedanken nur verstehen oder beim EQ-Training im Zustand der Selbstzentrierung setzen.

Oft hört man, etwa im Autogenen Training, Formeln sollten ausschließlich positiv formuliert sein. Zu solchen Formeln zählen auch unsere kognitiven Stichworte. Positiv formuliert heißt: Die negative Gefühlsauszeichnung des Gedankens wird nicht durch ungünstige Formulierungen verstärkt. Wir sagen also nicht: »Ich habe keine Angst«, denn so wiederholen wir nutzlos den Widerschein der Angst, der in der Erinnerung vergangener Gefühle liegt.

Die Forderung, ausschließlich positiv zu formulieren, ist zwar in gewissen Grenzen berechtigt, doch handelt es sich insofern um einen Mythos, als man damit unsere intellektuellen Fähigkeiten unterschätzt. Denn auch ein Sinn in negativer Bedeutung kann positiv gemeint werden. Beispiel: Die negativ definierte Formel »Keine Angst« ist sicher nicht ganz so zweckmäßig wie die positiv formulierte Formel »Immer mutig«. Wird die Bedeutung von »Keine Angst« jedoch entsprechend auf der nonverbalen Ebene realisiert, dann ist ihre Wirkung praktisch identisch.

• Der Mechanismus des Formelwiederholens beruht aber darüber hinaus darauf, daß irgendwann in den Pausen derselbe Sinn, den die Formel verbal ausdrückt, spontan auch nonverbal gedacht wird. Das Denken auf der – wie es im Yoga genannt wird – »Ritam«-Ebene, dem Bewußtsein, das unsere Gedanken denkt – realisiert das, was wir denken, unmittelbar.

Der Anfänger sollte daher die positive Formelbildung bevorzugen. Der Fortgeschrittene kann auch mit negativen Formeln üben.

Sie können solche Formeln problemlos selbst bilden oder verändern. Es ist nur wichtig, immer einen evolutionären, förderlichen Sinn zu formulieren, der im Einklang mit Ihrem emotionalen System steht. Kriminelle, unmoralische oder übertrieben egoistische Formeln scheitern an dieser Barriere, wie Sie sich leicht selbst überzeugen können.

35 Übersicht der kognitiven Stichworte

In der folgenden Liste werden die vorausgegangenen Stichworte der besseren Übersichtlichkeit halber und zum Lernen aufgelistet. Sie sollten ihre Richtigkeit und den Wert für Ihre mentale und körperliche Gesundheit verstanden haben.

Um es noch einmal zu wiederholen: Es reicht aus, sich ihren Sinn klar zu vergegenwärtigen, damit sie als »determinierende Tendenzen« wirksam werden. Diese Formeln müssen nicht wie Mantras wiederholt werden. (Sie können allerdings durchaus damit experimentieren!)

»Stetige Entwicklung«.
»Optimierung des Positiven«.
»Gefühlswerte«.
»Nichtanhaften«.
»Völlige Freiheit vom Negativen ist illusorisch«.
»Negatives allenfalls als Mittel«.
»Moralisches Handeln«.
»Gefühle begründen Wert und Unwert«.
»Mittel ohne Beziehung zu Gefühlen wertlos«.
»Orientierung am emotionalen System«.
»Wertambivalenzen vermeiden«.
»Selbstverwirklichung«.
»Eigene Werte«.
»Keine negative Wahl«.
»Gedankensetzen«.

36 Allgemeine Formeln der Gedankeninstallation

Neben den sicher beherrschten und öfter vergegenwärtigten »kognitiven Stichworten« ist es nützlich und wirksam, im Zustand der Selbstzentrierung nach der Mantrameditation Formeln zu wiederholen, die künftig unser Handeln leiten oder Möglichkeiten der Umschaltung darstellen.
Dabei handelt es sich wiederum um wesentliche »evolutionäre Muster«, die erstaunlich viel bewegen und sich alle am mentalen Hauptprinzip des Bewußtseins orientieren (vergl. dazu Kapitel 9, »Die Entdeckung unseres mentalen Hauptprinzips«).
Sie werden wie Mantras angewendet, aber mit weniger Wiederholungen:

1. Loslassen.
2. Selbstzentrierung.
3. Freundlichkeit.
4. Mitgefühl.
5. Maximale Positivität.
6. Vollständige Muskelentspannung.
7. Leichtigkeit.
8. Nichtvereinnahmenlassen.
9. Unabhängigkeit vom Wertgefühl.
10. Entspannung auch im Negativen.
11. Verminderung des Negativen.
12. Optimale Gesundheit.

Einige dieser Formeln sind dem Sinn nach identisch mit unseren kognitiven Stichworten oder repräsentieren eine ähnliche Bedeutung. »Loslassen« und »Nichtanhaften« etwa sind einander insofern verwandt, als Nichtanhaften auch Loslassenkönnen bedeutet. Doch Nichtanhaften beinhaltet auch den echten, ernst genommenen Verzicht im Unterschied zu vielleicht nur momentanem Loslassen.

»Unabhängigkeit vom Wertgefühl« heißt auch entsprechend unseren Meditationsregeln, negative Gefühle zuzulassen oder sie in einem weiteren Schritt absichtslos zu betrachten und »auszufühlen«.[21]

»Leichtigkeit« ist sozusagen die vollendete Form des Loslassens und Nichtanhaftens und der Unabhängigkeit vom Wertgefühl. Der Wert der Leichtigkeit kann gar nicht hoch genug veranschlagt werden. Das Leben immer leichter zu nehmen, ohne deswegen seinen Blick vor den Problemen zu verschließen, ist eine Fähigkeit, die durch Gedankensetzen zur zweiten Natur werden kann. Leichtigkeit bedeutet auch, nicht zuviel Druck auszuüben, sowohl auf Menschen wie auf Dinge. »Selig sind die Sanftmütigen«, heißt es ganz richtig in der Bibel.

»Optimale Gesundheit« und »vollständige Muskelentspannung« mögen zwar als alltägliche, ja triviale Wünsche erscheinen, doch wird ihre Realisierung deutlich verstärkt, wenn wir sie auf der Ebene der Selbstzentrierung setzen.

»Freundlichkeit« und »Mitgefühl« sind als zwischenmenschliche evolutionäre Muster von höchster Wirksamkeit. In der karitativen Haltung der helfenden Berufe ist dies seit christlichen Urzeiten bekannt. »Freundlichkeit« haben selbst die kapitalistischen Großkonzerne längst als förderlich für Gesundheit und Leistungsfähigkeit ihrer Mitarbeiter und damit als umsatzsteigernd erkannt – denn das Gegenteil von Freundlichkeit sind Gleichgültigkeit oder sogar zwischenmenschlicher Streß.

»Nichtvereinnahmenlassen« will von fremden Urteilen und von Kritik unabhängiger machen. Wir lassen uns unnötig oft vereinnahmen von negativen Bewertungen und Sichtweisen. Wir sind in fast schon psychopathologischer Weise empfindlich für Worte, wie z. B. Beleidigungen oder Herabsetzungen.

»Maximale Positivität« wiederum bedeutet nichts anderes, als relativ unabhängig von der Situation, in der wir uns befinden, das Maß und die Qualität unserer Werterfahrungen zu verstärken. In welch hohem Maße dies durch Gedankensetzen wirklich möglich ist, davon kann nur das eigene Experiment überzeugen.

• Es empfiehlt sich, diese zwölf Formeln ebenfalls auswendig zu lernen und sich zu vergewissern, daß ihr Sinn entsprechend unserer bisherigen Ausführungen im EQ-Training deutlich geworden ist.

Auf der Grundlage der Selbstzentrierung werden sie dann nach den oben gegebenen Regeln der Gedankeninstallation wiederholt. Als Durchschnittswert, den Sie aber durchaus auch nach eigenem Empfinden überschreiten können, mag hier eine Wiederholung von etwa achtmal im ungefähren Abstand von 15 Sekunden gelten. Sie können mehrere Durchgänge üben. Wichtig ist es dabei, um es noch einmal herauszustellen, daß Sie – ohne zu große innere Anspannung und Anstrengung – Ihre Gefühle, und wenn möglich auch Ihre nonverbalen Gedanken, im Auge behalten.

Greifen Sie auch hier wieder notfalls zur Korrektur auf die wesentlichen Aspekte des Gedankensetzens zurück, wie sie oben beschrieben wurden, und vergegenwärtigen Sie sich, welche Rolle diese Faktoren momentan bei Ihnen spielen:

Fürwahrhalten, negative und positive Gefühlsauszeichnung, negative Körpergefühle, Skepsis, Wahrheit gegensätzlicher Gedanken, Erfahrung willkürlicher Gedankeninstallation, Absicht, Wollen, Wertschätzung und Wunsch, nonverbales Denken, verbales Denken, Selbstzentrierung.

37 Individuelle Formeln der Gedankeninstallation

Neben dem Einüben kognitiver Stichworte und allgemeiner Formeln ist die Technik der Gedankeninstallation im EQ-Training auch ein hervorragendes Mittel, um individuelle Probleme zu beheben. Es ist dabei für denjenigen, der noch keine Erfahrungen mit dem systematischen Setzen von Gedanken hat, nicht annähernd abzuschätzen, welche überraschenden Möglichkeiten positiver Veränderung sich damit eröffnen.

• Das in Verruf geratene und wegen seiner esoterischen Übertreibungen als lächerlich gebrandmarkte sogenannte »positive Denken« erfährt hier eine nachdrückliche Rehabilitierung, weil sich zeigt, daß es vor allem wegen mangelnder psychologischer Einsicht und Systematik unwirksam war.

Die Liste der Probleme, die sich mit der Gedankeninstallation des EQ-Trainings beheben lassen, ist fast unüberschaubar: fixe Ideen, Marotten, Zwangsvorstellungen, Ängste, Sorgen, Eifersucht, Kritiksucht, Schwarzsehen, Depression, Melancholie, Neurotizismen – also praktisch so gut wie alle negativen Gefühlserfahrungen außer solchen, die physiologisch bedingt sind.[22]

Viele Probleme im Leben entstehen darüber hinaus durch den objektiven Fehlschluß beim Bewerten, der allerdings weitgehend gesellschaftlicher Konsens ist. Da der Zusammenhang von Werten und Gefühlen mit unserem emotionalen System nicht erkannt wird, führt der Anschein der

Objektivität der Werte seit Menschengedenken zu Konflikten im privaten wie im gesellschaftlichen Bereich. Gelingt es, diesen ewigen Konfliktstoff durch die Analyse des Wertproblems zu entschärfen, dann wachsen Toleranz und Liberalität.
Weniger die Bedeutung dessen, was wir als Streitpunkt wahrnehmen, ist es, weniger der »Sachverhalt«, um den es geht, als vielmehr seine Auszeichnung durch das unangenehme Gefühl, das wir mit unserer Kontroverse verbinden oder das angenehme Gefühl, das uns Erleichterung und Erfüllung unserer Wünsche verschafft.
Ebenso kann der Blick auf Gefühle und Gefühlsauszeichnungen unseren Blick schärfen für unsere Depression und Melancholie, für unsere Resignation und unser Desinteresse. Wir sind weniger geneigt, nur die Umstände dafür verantwortlich zu machen, sondern sehen unsere momentane »Gefühlsbrille«, durch die wir die Situation betrachten, als einen mindestens ebenso wichtigen Faktor an. Und dabei wissen wir, daß sich solche Gefühle meist schnell wieder ändern, während die Situation, die unsere Gefühle auslöst, oft nur schwer oder gar nicht zu verändern ist.
Verhält sich unser Fühlen, wie es sich im Bewerten äußert, jedoch trotz vernünftiger Einsichten immer noch irrational und versuchen wir weiterhin anderen unsere Wertvorstellungen in Form von »objektiven Einsichten« aufzuoktroyieren, dann dürfen wir dies getrost als mentalen Defekt und individuelles Problem auffassen, dem man mit dem Mittel des Gedankensetzens beikommen kann:

- Formel: »Werte sind niemals objektiv, und sie sind von einer einzigen Ausnahme abgesehen auch nicht allgemein gültig.«[23]

Relativieren Sie daher systematisch Ihre alltäglichen Urteile, sei es über die »häßlichen« Gardinen Ihres Nachbarn, über den »gewissenlosen« Arbeitskollegen, der seine Frau verlassen hat, über den »unansehnlichen« Neubau, den man vor Ihren Augen hochzieht, über das »ungehörige« Benehmen Ihrer Kinder bei Tisch, über ihre gegensätzlichen Berufswünsche, über die Musik, die immer nur der andere schön findet, über die – womöglich als »unnatürlich« angesehenen – sexuellen Wünsche Ihres Partners. Relativieren Sie sie soweit, daß Sie Ihre Werturteile als das erkennen, was sie sind: kontingente Gefühlsauszeichnungen, die ihre Legitimität allenfalls noch daraus herleiten können, daß Sie zufällig davon betroffen sind. Negative Gefühle werden deshalb nicht wegdiskutiert und ungeschehen gemacht, sondern als subjektiv erkannt. Sie handeln dabei gar nicht einmal uneigennützig. Denn Ihre rigiden Werturteile auf diese Weise zu relativieren und Toleranz zu üben, wird auch Ihrem eigenen emotionalen System zugute kommen.

• Verständnis der Werte (kognitiver Therapieansatz), Gefühlsbetrachtung des Zulassens (verhaltenstherapeutischer Ansatz) und Gedankensetzen können auf dieser Stufe der Meditation also wirksam kombiniert werden. Hier ist es besonders das gezielte Zulassen (vergl. dazu Kapitel 14), durch das die Aufmerksamkeit zunächst ohne Umwege auf ein Problem geht. Die Technik des Benennens im Focusing verstärkt diesen Vorgang noch.[24]

• Für die folgende Installation eines individuellen Gedankens bilden Sie dann eine Formel, die ein neues Verhalten setzt.

Setzen bedeutet – es sei noch einmal wiederholt, weil es von ausschlaggebender Bedeutung ist –, lediglich einen leisen Impuls von Absicht oder Wunsch zu geben.

Im Falle von Schüchternheit könnte eine solche Formel lauten: »Ich bin anderen gegenüber völlig frei.« Wenn Sie Diät halten wollen: »Ich bewege mich problemlos auf mein Wunschgewicht zu.« – »Ich esse vorrangig nur, um mich nicht schwach und hungrig zu fühlen.«

• Gedankensetzen bietet darüber hinaus die Möglichkeit, auch die Meditationstechnik in ihrer Wirksamkeit zu optimieren. Formeln wie z. B. »Zulassen«, »Verfeinerung«, »verfeinerte Mantrawahrnehmung«, »Wahrnehmung von Gefühlsauszeichnungen«, »Wahrnehmung nonverbalen Denkens«, »Entspannung«, »Wahrnehmung negativer Gefühle in entspanntem Zustand«, »Selbstzentrierung«, »Streßabbau« sind effektive Methoden, die Wirksamkeit der Meditation zu beeinflussen.

38 Was können wir erwarten?

Wir sind am Ende unserer Einführung in die Technik des EQ-Trainings angelangt, und es ist Zeit, ein Resümee zu ziehen. Was können wir erwarten? Welche Wirkung hat diese mentale Methode, wenn wir sie konsequent üben?

Hier seien noch einmal die einleitenden Worte wiederholt: Es handelt sich um einen einfachen Weg der Bewußtseinsveränderung, der Ihr Leben völlig verändern wird – und zwar *positiv* verändern. Sie werden weniger leiden. Und das nicht auf Kosten anderer. Sie werden Ihre Probleme besser bewältigen. Sie werden mehr vom Leben verstehen und glücklicher und weniger leicht aus der Bahn zu werfen sein. Sie werden sich schneller von Krisen erholen. Sie werden sich ständig vervollkommnen. Sie werden für Ihre Mitmenschen ein angenehmer Zeitgenosse sein. Sie werden weniger leicht krank werden.

Unsere recht gründlichen und ins Detail gehenden Analysen und Erörterungen dienen vor allem dazu, Fehler und Mißverständnisse zu vermeiden. Sie verfolgen darüber hinaus eine pädagogische Absicht: Nur wenn Sie sich genügend lange mit den Themenkreisen befassen, werden sie in Ihrem Bewußtsein als »determinierende Tendenzen« weiterwirken können.

- EQ-Training vermehrt Positivität im Leben und vermindert Negativität.

• EQ-Training baut sicher Ängste ab durch verfeinerte Introspektion, durch Bewußtwerdung, durch Desensibilisierung und Gedankensetzen.
• EQ-Training trainiert den Umgang mit dem Negativen und erhöht damit die Handlungsfähigkeit im Streß und in Konfliktfällen.
• EQ-Training vermindert unsere Desorientiertheit, die für Resignation, Lustlosigkeit, Apathie, psychosomatische Krankheiten und Depression bis hin zum Selbstmord verantwortlich sein kann.
• EQ-Training schafft ein existentielles Verständnis durch die Analyse des Wertproblems, das gezielteres Handeln ermöglicht.
• EQ-Training erweitert den inneren Handlungsspielraum, indem es direkt auf die Strukturen abzielt, die »mentale Unfreiheit« darstellen.
• EQ-Training schafft eine aufgeklärte, kooperative, auf Entwicklung hin orientierte Haltung. Dies geschieht nicht durch Appelle, sondern durch den Anreiz, den unsere persönlichen Werterfahrungen darstellen.
• EQ-Training erreicht durch das Mittel der seit Jahrhunderten bewährten und hier erstmals systematisch und nicht-esoterisch entwickelten Mantrameditation ein Höchstmaß an Entspannung und Streßabbau, das auch von den besten konkurrierenden Techniken wie Autogenes Training und Progressive Muskelentspannung allenfalls erreicht, aber nicht übertroffen wird.
• EQ-Training verbessert schon durch die Technik der Mantrameditation eindeutig die Gesundheit, wie auch zahlreiche Untersuchungen zur Transzendentalen Meditation belegen. Sinn- und Wertanalyse und Technik des Gedankensetzens verstärken diesen Effekt, weil sie einen außerordentlichen psychosomatischen Einfluß besitzen.
Es sind gerade gewisse gedankliche Einstellungen über

uns selbst und das Leben, die negative und überflüssige Emotionen hervorrufen. Unsere irrationalen Ideen und Vorurteile bringen uns oft dazu, mehr zu leiden als nötig. Fehlt es uns jedoch an Urteilsvermögen, unsere individuellen Probleme als schädliche oder irrationale Gedanken zu identifizieren, die unnötiges Leiden erzeugen, dann hilft uns unter Umständen nur noch die Einschätzung oder Diagnose eines anderen Menschen (Freund, Arzt, Therapeut, Lehrer, Seelsorger usw.), um unser Problem zu lösen.

Bietet das EQ-Training hier eine Möglichkeit, sich selbst zu helfen, auch wenn man wenig begabt in der Analyse der eigenen Probleme ist?

In der kognitiven Stufe des EQ-Trainings haben wir ein Hauptprinzip entschlüsselt, das innerhalb unserer Werterfahrungen zu irrationalen Überzeugungen führt, die Leiden erzeugen: den Wertobjektivismus. Damit verbunden wurden Desorientiertheit hinsichtlich unserer Gefühle und unseres emotionalen Systems als weitere Faktoren identifiziert, die Leiden begünstigen. Zusammen mit der Erkenntnis unseres mentalen Hauptprinzips vereinfachen es diese Einsichten sicher in erheblichem Maße, unsere wirklichen Probleme zu erkennen.

Wir verlieren uns nicht mehr, wie etwa in der Psychoanalyse, in ausufernden Interpretationen ohne praktischen – d. h. gefühlsverändernden – Wert. Jeder, der einmal allein oder mit Hilfe eines Therapeuten versucht hat, sich durch die Analyse seines Charakters und seines Verhaltens zu verändern, wird wissen, wie wenig bloße Analyse auszurichten vermag. Mit Erkenntnis allein ist es meist nicht getan: Das ist die schmerzliche Folgerung, die auch die Psychoanalyse aus ihren Bemühungen ziehen mußte.

Der Grund liegt nicht darin, daß Analysen wertlos sind. Analysen orientieren sich nur oft nicht an dem, was uns eigentlich bewegt. Sie werden nicht in Beziehung gesetzt zu unseren Werterfahrungen und Gefühlen. Erst das Zusammenspiel von Analyse und dem Umgang mit unseren Gefühlen setzt den Hebel an der richtigen Stelle an. Die Technik der Mantrameditation begünstigt außerdem in erheblichem Maße die Introspektion.

Es ist aber darüber hinaus im EQ-Training auch nicht nötig, ein letztlich wissenschaftlich fundiertes Bild von seinem eigenen Charakter zu bekommen – soweit dieser Begriff überhaupt eine Berechtigung hat. Die Erfahrung zeigt, daß uns unsere Probleme am entscheidenden Punkt, nämlich soweit sie unsere negativen Gefühle betreffen, meist doch recht deutlich bewußt sind. Worin wir uns leicht irren, ist dagegen ihre Interpretation.

39 Wenn nichts mehr geht

Für jeden systematischen Lernvorgang, für jedes gezielte Üben gilt, daß Phasen eintreten, bei denen Sie deutliche Rückschritte erleben. Es können zu viele ablenkende Gedanken auftauchen. Es kann sein, daß Sie den Meditationsprozeß als langweilig oder unangenehm erleben. Oder die Verfeinerungen des Mantras bleiben aus. Sie gelangen nicht mehr in den Zustand der Selbstzentrierung. Sie haben Kopfschmerzen, empfinden Unruhe oder Angst oder beginnen am Wert der Methode zu zweifeln. Es ist auch sehr typisch, daß man sich nach einiger Zeit nicht mehr genau an seine frühere Verfassung erinnert. Die zunehmende Beherrschbarkeit Ihres Innern, Ihre verbesserte Konzentration, die Abnahme von Angst und Spannungen, Ihre neue Entspannungs- und Wahrnehmungsfähigkeit sind zur Selbstverständlichkeit geworden.

Dies ist ein kritischer Punkt, an den wohl jeder Übende gelangt.

• Der Weg nach innen ist niemals nur angenehm, sondern spiegelt das gewohnte Auf und Ab und die üblichen Schwierigkeiten des Lebens wider, vor denen wir so gern die Augen verschließen. Einige kommen ungeschorener davon, andere leiden mehr und brauchen länger.

• Behandeln Sie solche Schwierigkeiten mit demselben Instrumentarium, das Sie auch im Umgang mit anderen Problemen erlernt haben!

Zulassen, Anschauen, Ausfühlen, Gedankensetzen, Abwenden als bloße Wahl sind auch auf dieses Problem anwendbar. Im übrigen enden solche Phasen meist genauso plötzlich wieder, wie sie gekommen sind. Es sei denn, Sie festigen sie zusätzlich durch Ihre Skepsis oder Resignation.

Der Zustand ruhiger, wacher Selbstzentrierung, in dem das Gedankensetzen mit größerer Leichtigkeit gelingt, ist offenbar ein außerordentlich »sensibles Pflänzchen«. Hier sollten Sie besonders am Anfang Nachsicht üben. Es können Perioden eintreten, in denen Ihnen die Installation von Gedanken völlig unmöglich erscheint. Wenn Sie bereits eine verbesserte Wahrnehmungsfähigkeit Ihrer Gefühle besitzen, werden Sie finden, daß es vor allem – zum Teil sehr subtile – negative Körpergefühle sind, die Sie am Gedankensetzen hindern.

Mit zunehmender Übung und verfeinertem Blick auf die inneren Phänomene sollte es gelingen, sich von solchen hemmenden Gefühlen abzukoppeln, indem man sie einfach stehenläßt und die prinzipielle Unabhängigkeit des Gedankens, der gesetzt wird, von seinen Gefühlen (wie auch von anderen Gedanken) wahrnimmt.

• Das Bewußtwerden dieser Koppelung stellt bereits eine Befreiung dar. Hier liegt eine wesentliche Quelle innerer Freiheit.

Als wirksam gegen stagnative Phasen der Bewußtseinsveränderung kann es sich erweisen, für einige Tage die Meditation zu unterbrechen – natürlich nicht am Anfang, aber vielleicht nach wenigen Wochen oder Monaten oder auch erst nach Jahren, je nachdem, wann das Problem auftritt. Oft stellen sich dann spontan wieder Verfeinerungen des Mantras, eine klarere Selbstzentrierung und erleichtertes Gedankensetzen ein.

Ein sehr effektives Mittel, in problematischen Phasen der

Meditation steuernd einzugreifen, ist es auch, die Kalorienaufnahme einige Tage unter den Wert Ihres täglichen Bedarfs zu senken. Liegt Ihr Kalorienbedarf beispielsweise bei 2200 Kalorien, dann nehmen Sie für kurze Zeit nur noch 1500 Kalorien oder weniger zu sich. Wahrscheinlich werden Sie dadurch eine Veränderung Ihrer Körpergefühle in Richtung auf mehr Leichtigkeit erleben.

Mögliche Gefahren der Meditation

Ist die hier beschriebene Meditationstechnik gefährlich? Können wir ein falsches Mantra wählen? Kann das Mantra schädlich sein? Experten der Mantrameditation behaupten, daß es geeignetere und weniger geeignete Mantras gibt. Weniger geeignete Wortklänge sind nicht schon zwangsläufig schädlich. Der Anfänger wird allerdings oft seine mentalen Schwierigkeiten beim Weg nach innen dem Mantra anlasten.

Die Eignung und Wirkung von Wortklängen in der Mantrameditation wurde in vielen psychologischen Untersuchungen bestätigt und ist kaum noch wissenschaftlich umstritten. Kritik wird meist wegen des historischen Ursprungs und des mystischen Verständnisses der Mantratechnik geübt oder wegen fehlender Begleitung durch einen erfahrenen Experten, selten aber was ihre mechanische (nicht-suggestive), psychische Wirksamkeit betrifft.[25]

Doch wie in der Meditationsstufe des Zulassens und allen weiteren Meditationsstufen gilt auch bei der Mantrameditation:

- Wenn Sie sich in einer schweren psychischen Krise befinden oder psychisch krank sind, eignet sich keine stark wirkende Technik zur Selbstbehandlung, sondern Sie bedürfen immer der *Hilfe eines Therapeuten oder erfahrenen Meditationslehrers.*

Dabei ist das Problem nicht die Wirksamkeit der Technik,

sondern Sie könnten durch unbewußte Fehlsteuerungen, falsche Interpretationen oder angstbesetzte Erlebnisse in eine Krise geraten, die Sie ohne fachkundige Beratung emotional überfordert.
Hier bleibt ein Restrisiko. Wegen dieses Risikos von der Meditation abzuraten, scheint aber angesichts der vielen Übenden, die bereits (im Rahmen der TM, des Yoga oder des Zen) von ähnlichen Techniken profitiert haben, übertrieben.
Einen weiteren Risikofaktor vieler Meditationssysteme können wir dagegen ausschließen. EQ-Training beruht, wie schon wiederholt dargelegt, nicht auf religiösen oder metaphysischen Glaubenssätzen. Die Gefahr, durch sektenähnliche Bewegungen und die Gruppendynamik einer weltanschaulichen und religiösen Bewegung auf gefährliche Weise aus seinen gewohnten Bahnen geworfen zu werden, besteht beim EQ-Training nicht.
Unsere Analyse der Werte könnte Sie allenfalls dazu verführen, voreilig eine nach innen gewandte, egoistische und hedonistische Haltung zu entwickeln. Dieses Mißverständnis liegt nahe, wenn Sie unsere Analyse der Werte und Werterfahrungen nicht ernstgenommen haben. Die Betonung des Gefühls als Dreh- und Angelpunkt führt leicht zu der falschen Schlußforderung, es ginge im Leben vor allem um Vergnügen und Lust. Im Kapitel »Unser emotionales System« wird gezeigt, daß wir weder uns selbst noch anderen mit dieser Haltung einen Gefallen tun.
Doch auch schon einfache Mantrameditation, die ja bereits eine jahrhundertelange Tradition hat, scheint vorwiegend positiven Einfluß auf die seelische und körperliche Gesundheit zu haben. Das gilt auch für die Mantrameditation, wie sie mit der TM-Technik entwickelt wurde.
Zu fast ausschließlich negativen Ergebnissen hinsichtlich der Mantrameditation der TM kommt dagegen eine von

der Bundesregierung geförderte Studie des Instituts für Jugend und Gesellschaft: »Differentielle Wirkungen der Praxis der Transzendentalen Meditation (TM). Eine empirische Analyse pathogener Strukturen als Hilfe für die Beratung«, Bensheim 1980. Die Bensheimer Studie ist insofern von Wert, als sie eines deutlich macht: Meditation, und hier eben auch die Mantrameditation, *kann* zu negativen Ergebnissen führen.

»76% (51) der untersuchten Fälle hatten seelische Störungen bzw. psychische Krankheiten, die im Verlauf der TM-Zeit und als Folge der TM auftraten.«

SPIEGEL SPEZIAL faßt das Ergebnis so zusammen:

»Beim überwiegenden Teil der untersuchten Langzeit-Meditierenden waren psychische Probleme von Schlaflosigkeit bis zu Halluzinationen aufgetreten, ergab 1980 eine von der Bundesregierung in Auftrag gegebene Studie.«[26]

Und die STIFTUNG WARENRTEST urteilt: »Wenn sich labile Menschen auf TM einlassen, kann das zu psychischen Schäden bis hin zur Persönlichkeitszerstörung führen. Da TM-Lehrer weder psychiatrisch noch psychologisch ausgebildet sein müssen, können sie psychische Krisen kaum auffangen.«[27]

Doch auch ein klassischer Psychiater oder Therapeut verfügt nicht schon notwendigerweise über die Erfahrungen eines Fachmanns der Meditation. Er kann durchaus zu falschen Interpretationen gelangen und übertrieben vorsichtig reagieren. Die Erfahrungsbasis des Meditationslehrers ist unter Umständen größer, er verfügt über mehr Detailwissen in seinem Spezialbereich. Dafür kann er in der Regel weniger leicht schwere psychische Störungen und Geisteskrankheiten diagnostizieren und könnte die Notwendigkeit sofortiger medizinischer Hilfe unterschätzen. Meditationslehrer sollten beim geringsten Verdacht einer schweren psychischen Störung auf therapeutische Hilfestellung drängen. Therapeuten sollten sich hinsichtlich der großen Menge der nach dem Zweiten Weltkrieg publizierten wissenschaftlichen Arbeiten über die positiven Wirkungen bestimmter Meditationstechniken sachkundiger machen.

• In einigen Fällen ist daher Ihre eigene Entscheidung gefordert, mit der Meditation aufzuhören und sich wegen ärztlicher Hilfe an einen Therapeuten zu wenden.

Ein weiterer, möglicherweise problematischer Faktor ist die »spirituelle« Einstellung fast aller Meditationslehrer. Sie haben eine religiöse Tradition verinnerlicht. Religiös oder anderweitig »esoterisch« geleitete Meditation führt aber leicht zu Verhaltensweisen, durch die man dem normalen Alltag entfremdet werden kann. Nicht nur die Erfahrungen der Transzendentalen Meditation zeigen, daß auf diese Weise Berufsausbildung, Schule und zwischenmenschliche Beziehungen leiden können (wenn auch nicht zwangsläufig leiden müssen). Die Vorstellung, seine gesamte Existenz vorrangig der Erleuchtung, Erlösung und Evolution oder gar einem Leben im Gottesbewußtsein widmen zu wollen, führt leicht zur Aufgabe anderer Lebensziele und Interessen.

Gemessen an den Wertkriterien, wie sie im Kapitel »Unser emotionales System« dargelegt wurden, muß das, was konservative Vorstellungen über Leben, Arbeit und Gesellschaft uns als angeblich ewige Wertmaßstäbe vermitteln, allerdings auch nicht immer »der Weisheit letzter Schluß« sein – und ist es wohl auch nicht, betrachtet man die jüngsten historischen Katastrophen.

Andererseits kann ein gesundes Maß an Realitätssinn niemanden darüber hinwegtäuschen, daß wir arbeiten und mit unserer Umwelt durch die Beherrschung vielfältiger Regeln, Techniken und Normen positiv agieren müssen,

um ein glückliches Leben zu führen. Nur wenigen Menschen ist das Leben eines Dauerurlaubers oder Mönchs vergönnt, falls man sich das überhaupt wünscht. Es wäre aber auch falsch, jemanden um jeden Preis von einer radikal neuen, anderen Lebensführung abzuhalten. Nur sollte man sich klarmachen, daß jedes zu große Abweichen von den konventionellen – erprobten – Verhaltensweisen und Normen auch ein höheres Risiko darstellt.
Wenn Sie glauben, Ihr Leben Christus und dem Paradies oder der Befreiung von Wiedergeburten im Hinduismus oder Buddhismus oder dem Gottesbewußtsein des Yoga widmen zu sollen, dann kann es Sie unter Umständen einen beträchtlichen Teil Ihrer Lebenszeit und Energie, viel Geld und Ausbildung und berufliche Karriere kosten, bis Sie entdecken, ob Sie mit diesen Glaubenssystemen wirklich ein erfüllteres Leben führen können, bei dem »unter dem Strich« für Sie und die anderen mehr herauskommt als mit Ihrer alten Lebensweise.
Besonders jungen Menschen wird darum zu Recht von zu radikalen Schritten in eine völlig andere Lebensform abgeraten. Sie sind noch zu anfällig und finden schwerer in gewohntes und ruhiges Fahrwasser zurück. Setzen Sie Ihr Vertrauen statt dessen lieber in eine bewußte Hinwendung zur Entwicklung des Positiven auf der Basis alter humanistischer Werte, mit vorsichtigen, schrittweisen Veränderungen, mit mehr Aufklärung und erweitertem Bewußtsein, größerer emotionaler Intelligenz, größerer Zielstrebigkeit und mehr Blick auf die Rolle der Gefühle und Ihre emotionale Verfassung!
Die Bensheimer Studie kommt zu folgender Einschätzung:
»Meditierende in der Adoleszenzphase entwickeln keine stabile und zugleich flexible Ich-Du-Relation, sondern werden in der eindimensionalen Ich-Relation fixiert, die

sich in der Meditation, einem Zustand der Trance, zu intrapsychischen Ich-Entgrenzungen ausweiten; das Ich verschmilzt letztlich mit dem religiös erlebten All-eins-Sein.«

Ob durch Meditation die Beziehung zu anderen Menschen leidet zugunsten einer »eindimensionalen Ich-Relation« – gemeint ist wohl eine egozentrische, narzißtische und egoistische Beschäftigung mit dem eigenen Ich und den eigenen Gefühlen –, scheint allerdings weitaus eher vom individuellen Charakter als von den Wirkungen der Meditation abzuhängen. Eine solche Haltung ist sicher auch ein Zeichen für mangelndes Verständnis der positiven Ziele, die sich auf dem Wege nach innen erreichen lassen. Im übrigen kann erfolgreiche Meditation durchaus Beziehungen fördern. Soviel dürfte auch in der Psychologie fast ein Gemeinplatz sein: Wer unter Schuldgefühlen, mangelndem Selbstvertrauen, Launen, Angst und Minderwertigkeitsgefühlen oder anderweitigem Unbehagen leidet, ist oft auch in den zwischenmenschlichen Beziehungen ein »Problemfall«. Wer sich selbst nicht leiden kann, neigt dazu, seine negative Haltung in seine Beziehungen einzubringen. Selbstvertrauen, positive Selbsteinschätzung und eine relative Freiheit von negativen Gefühlen, wie sie durch geeignete Meditationstechniken gefördert werden, begünstigen dagegen eher das Zusammenleben und schaffen eine Basis für mehr Wohlwollen und Toleranz dem anderen gegenüber. Jeder weiß aus dem Alltag, wie sehr wir umgekehrt unter Streß und Anstrengungen, bei Erfolglosigkeit und Frustrationen, wenn negative Gefühlserfahrungen überhand nehmen, auch zu Argwohn und Mißtrauen, zu Kritik und Aggressivität, zur Intoleranz und zur Projektion eigener Fehler auf andere neigen.

Unser EQ-Training führt darüber hinaus durch seine Ana-

lyse der Werterfahrungen und des Lebenssinns innerhalb unseres emotionalen Systems genau zu jenen zwischenmenschlichen Werten, die als Mittel zu positivem Zusammenleben unentbehrlich sind.
Die Bensheimer Studie über TM ist allerdings wissenschaftlich nicht unumstritten. Sie gelangt zu ihren weitreichenden Folgerungen durch die Befragung von nur 67 Meditierenden, davon 27 Aussteigern. Die Zahl der Befragten liegt nur bei 0,091 Prozent der für Deutschland zu diesem Zeitpunkt angebenen Anzahl der Eingeführten. Bei einer politischen Befragung würde diese statistische Basis kaum als ausreichend für Prognosen angesehen werden.
Professor Dr. Jürgen Kriz, Lehrstuhl für empirische Sozialforschung und Statistik, Osnabrück, kommt in einem Verwaltungsstreit-Gutachten zu dem vernichtenden Urteil, ihre Schlußfolgerungen seien »völlig untauglich«. Es erscheine »unverständlich, daß eine solche, methodisch völlig unzulängliche ›Analyse‹ mit öffentlichen Mitteln gefördert wurde.«
Prof. Dr. med. W. Kretschmer, Forschungsstelle für Medizinische Psychologie und Konstitutionsbiologie, Universität Tübingen, vertritt in seinem Gutachten die Auffassung: »Insgesamt vermag die individuell angewandte TM-Technik ein bedeutsames Gegengewicht gegen eine zu ichbezogene, rational-zweckmäßige und elementar-triebhafte menschliche Haltung liefern.« Fälle stärkerer psychischer Probleme werden auf bereits vorher bestehende psychische Dispositionen zurückgeführt.
Eine Studie von Prof. Dr. Ottoson (Stockholm), der im Auftrag der schwedischen Regierung 335 000 psychiatrische Fälle auf Zusammenhänge mit der TM auswertete, kam zu dem Schluß, daß TM nicht für psychische Schäden, »Persönlichkeitszersetzungen« oder Psychosen verantwortlich gemacht werden konnte.

Von der TM-Bewegung werden – beginnend mit der Arbeit von Robert Keith Wallace über die »Physiologischen Auswirkungen der Transzendentalen Meditation« im Jahre 1970 – zahlreiche internationale Untersuchungen hinsichtlich der positiven Auswirkungen der Mantrameditation angeführt, die auch für das EQ-Training von Bedeutung sind. Sie betreffen u. a. »verbesserte geistige Leistungen«, »Wachstum der Intelligenz«, »verbesserte schulische Leistungen«, »verminderte Erkrankungshäufigkeit«, »verlangsamte Alterungsprozesse«, »Abnahme von Krankenhausaufenthalten«, »verbesserte Gesundheit«, erfolgreiche Behandlung von »zu hohem Blutdruck«, »verminderte Angst«, »verminderten Konsum von Koffein, Nikotin, Alkohol, Drogen und Medikamenten«, »verbesserte Gesundheit am Arbeitsplatz«, »verringerte Rückfälligkeit von Strafgefangenen.«[28]
Ungeklärt bleibt hierbei, ob es sich jeweils nur um Wirkungen aus der Anwendung der bloß psychologisch-physiologisch angewandten neutralen Mantrameditation handelt, oder ob dabei der weltanschauliche Rahmen durch Erleichterungserwartungen, durch Sinnfindung, Gruppendynamik und Selbsterlösung vermittels propagierter höher Bewußtseinszustände wie »Kosmisches Bewußtsein«, »Gottesbewußtsein« und »Einheitsbewußtsein« eine ausschlaggebende Rolle spielt. Dieser Faktor dürfte in psychologischen Untersuchungen nur schwer bestimmbar sein, weil jeder Meditierende in den Einführungssitzungen und bei Überprüfungen mit den weltanschaulichen Thesen der TM konfrontiert wird.[29]
Eine Unzulänglichkeit der Bensheimer Studie ist wiederum die – vielfach unausgesprochene – ungeklärte theoretische Grundannahme, die wir oft bei den Gegnern der Meditation finden, daß negative Gefühle durch Meditation ausschließlich künstlich *erzeugt* werden.

Die Hypothese »Negative Symptome sind auch (wenn auch möglicherweise nicht ausschließlich) Streßlösungen« muß als eine sehr zweckdienliche Voraussetzung des Meditationsprozesses angesehen werden. Sie sollten diese Auffassung wenigstens versuchsweise erproben, um dann vielleicht positive Veränderungen feststellen zu können, die auf die prinzipielle Richtigkeit der Hypothese vom »Entstressungs- und Umlernprozeß« hindeuten.

Kriterium, ob es sich bei negativen Symptomen vor allem um künstlich erzeugte, schädliche Symptome und Nebenwirkungen handelt oder eher um Lösungs-, Bereinigungs- und Umlernprozesse, sollte nach einer gewissen Probe- und Übungszeit immer die persönliche Erfahrung sein, keine vorgefaßte Theorie. Die sogenannte Differentielle Psychologie geht von großen individuellen Unterschieden beim Menschen aus, und das gilt sogar noch für die verschiedenen Populationen im Tierreich: »So kann die klügste Ratte, wenn sie mit derselben Lernaufgabe geprüft wird, den dümmsten Affen übertreffen.«[30] Man muß immer mit Reaktionen rechnen, die individuell und unerwartet sind und von den induktiv angenommenen Gesetzmäßigkeiten (Schlußfolgerung von einigen, vielen oder allen bekannten Fällen auf alle zukünftigen Fälle) abweichen. Simpler ausgedrückt: Jeder Mensch ist sowohl gleich wie auch anders. Inwiefern man anders ist als andere, muß man erst herausfinden.

Der Grund, warum Sie zunächst der Entstressungs- und Umlernhypothese folgen sollten, bevor Sie genügend eigene Erfahrungen gesammelt haben, kann nur die Empfehlung von Experten und das Ergebnis psychologischer und statistischer Untersuchungen sein. Die Ergebnisse wissenschaftlicher Untersuchungen sind allerdings nicht unbedingt identisch. Das gilt auch für Kritik aus anderer Richtung. Wir müssen uns immer fragen, inwiefern die

Bewertung »interessengeleitet« ist (etwa im Sinne von J. Habermas und der Kritischen Theorie der Frankfurter Schule). Kirchen, Sektenbeauftragte, Vertreter anderer Meditationsrichtungen und Therapeuten haben womöglich völlig andere Vorstellungen von Bewußtseinsveränderung.
In der Meditation findet zweifellos eine Sensibilisierung statt, und Sie haben vielfach, wenn nicht sogar immer, vermehrt negative Erfahrungen. Das ist nicht weiter verwunderlich, denn Sie sehen das, was tatsächlich in Ihrem Bewußtsein vorgeht und nicht jenes geschönte Bild Ihres Inneren, das von Ihren Wünschen und Idealen geprägt ist. Solche negativen Erfahrungen können aber zum Instrument der Entwicklung werden.
Wenn Sie nicht wenigstens versuchsweise an sogenannte »Entstressungsprozesse« glauben oder die Hypothese von vornherein ablehnen, dann sollten Sie sich darüber im klaren sein, daß die Annahme, es handele sich um das Erzeugen schädlicher Symptome ohne mentalen Fortschritt und Nutzen, den Meditationsprozeß behindert, wenn sie ihn nicht sogar durch Erwartungshaltungen und Angst (negativer Placeboeffekt, »Selbsterfüllende Prophezeiungen«) nachhaltig stört oder unmöglich macht.
Probleme wie Kopfschmerzen und Konzentrationsschwierigkeiten treten oft durch unbewußte Willensanspannungen, durch unbemerkte Erwartungshaltungen und den Ehrgeiz auf, unbedingt schnelle Fortschritte machen zu wollen. Gleiche oder ähnliche Schwierigkeiten finden wir in allen Meditationstechniken, erst recht in den konzentrativen Verfahren, also gerade auch im Autogenen Training und in der Progressiven Muskelentspannung.
Zur Sicherheit sei an dieser Stelle noch einmal wiederholt, was im Kapitel »Gezieltes Zulassen« über Ausnahmeerfahrungen gesagt wurde:

Ebenso können schwere Lebenskrisen wie Trauer, Bankrott, Überbelastung durch Streß Sie körperlich und seelisch in einen Zustand versetzen, in dem gezieltes Aufsuchen und Zulassen eine zu große Belastung darstellt.
Es wurde bereits erwähnt, daß unsere Fähigkeit, Schmerzen und andere negative Gefühle wie Angst, Unruhe, Einsamkeit, Nervosität und Unbehagen zu ertragen, nicht unbegrenzt ist. Die Erfahrung zeigt, daß gezieltes Zulassen in Ausnahmesituationen unsere Kräfte überfordern kann. Wenn Sie diesen Eindruck haben, sollten Sie zur leichten Form des allgemeinen Zulassens zurückkehren, bei der Sie sich nicht auf Details einstellen. *Dann sollten Sie unter Umständen auch die Meditationszeit des allgemeinen Zulassens auf eine halbe Minute beschränken.* Dieser Zeitwert ist durch die Praxis der TM gut erforscht. Das Zulassen, so wirkungsvoll und weitreichend es auch ist, sollte nicht seinerseits wieder zu einer Roßkur werden, die Ihre Belastbarkeit in Streßsituationen mindert und Ihre negativen Gefühle verstärkt.
Eine Reduktion der Meditationszeit, das sei hier ergänzend gesagt, kann dann auch für alle weiteren Stufen der Meditation erforderlich sein. Flexibilität im Interesse Ihrer eigenen positiven Entwicklung und Gesundheit ist dabei der oberste Gesichtspunkt.
• Das genaue Maß kann nur durch die Praxis ermittelt werden: Sie müssen selbst herausfinden, ob Sie nur nach einer wohlfeilen Entschuldigung suchen, um dem vielleicht unangenehmen inneren Prozeß zu entgehen, sich so wahrzunehmen, wie Sie tatsächlich sind, wenn Sie die Meditationszeit verkürzen, oder ob es sich um eine echte Grenze handelt, die durch den Schmerz und zu große Belastung gesetzt wird.
Doch das Problem, wie negative Symptome zu interpretieren sind, ist keineswegs nur ein rein psychologisches,

technisches oder wissenschaftliches. *Es hängt auch vom jeweiligen Weltbild ab.* Wenn Sie an Okkultismus, böse Geister und Dämonen glauben, wenn Sie Satan für eine wirklich existierende Person halten und nicht nur für eine Symbolisierung und Personifizierung des Bösen in der Welt, wie einige moderne Theologen, dann sind Ihre Voraussetzungen zweifellos schlechter für eine Meditationstechnik des Zulassens als mit einer nüchternen unmetaphysischen Haltung. Die reale Angst, von wirklichen Dämonen beherrscht werden zu können, ist gefährlich und von labilen und sensiblen Menschen mit einer langen Streßbelastung weitaus schwerer zu handhaben als eine bloß psychologische Deutung solcher Ängste und angstbesetzten Vorstellungen, etwa im Sinne der Jungschen Archetypen. Steigen in der Meditation angstbesetzte Bilder und Gedanken auf, dann ist der Okkultist besonders gefährdet. Treffen latente oder akute Geisteskrankheit auf Praktiken wie Satanskult, Spiritismus, Hexenglauben oder Exorzismus, dann kann die zulassende Meditation zu einem gefährlichen Instrument werden, falls die Hauptregel des Zulassens (entspannte Haltung zur Angst ohne reale Urteilsbildung) ignoriert wird.

• Falls Sie an Satan und die Existenz böser Dämonen glauben, wird Ihnen dringend von der Meditation abgeraten.

In diesem Falle sind die Wirkungen meditativer Praktiken nicht kalkulierbar, denn Sie werden fast zwangsläufig einige mögliche Erfahrungen im okkulten Sinne deuten und nicht nur psychologisch oder psychopathologisch.

Ein großer, wenn nicht sogar der überwiegende Teil aller Menschen ist zumindest zeitweise und bis zu gewissen Graden abergläubisch und wundergläubig und der Esoterik zugeneigt, oft unbewußt oder uneingestanden, auch wenn man sich im übrigen sehr rational verhält. Horoskope, Kartenlegen, die berühmte schwarze Katze, die Zahl Dreizehn, das böse Omen, das Daumendrücken, unser Schauder auf einem nächtlichen Friedhof sind genug Belege für unsere ererbte oder gesellschaftlich bedingte magische Neigung. Eine rationale Technik wie das EQ-Training kann die Komplikationen, die sich aus abergläubischen, okkulten, esoterischen oder auch religiösen Überzeugungen ergeben, möglicherweise nicht abfangen, weil es dem Meditierenden an Urteilskraft und Unterscheidungsvermögen fehlt, seine Überzeugungen erkenntniskritisch als das zu identifizieren, was sie nun einmal sind: abergläubisch, okkult, religiös usw. Das liegt, wie wir gesehen haben, sehr oft an der Verwechslung von Urteil und Gefühl (Tatsachenurteil und Gefühlsauszeichnung als Wert oder Gefühl als Anzeiger für ein wahrscheinliches Urteil). Doch um bis zu dieser radikalen Stufe der Aufklärung zu gelangen, ist bereits jenes Unterscheidungsvermögen und auch jener Wille zur Aufklärung erforderlich, an dem es dem Esoteriker womöglich ein Leben lang mangelt.

EQ-Training ist zwar nicht prinzipiell unvereinbar mit dem Glauben an Gott, setzt ihn aber für die Zwecke unserer Meditation in Parenthese. Es wurde bereits mehrfach deutlich gemacht, daß es sich um einen innerweltlichen, nicht-metaphysischen Prozeß der Bewußtseinsveränderung im Sinne der Aufklärung handelt. Wenn Sie darüber hinaus an Gott glauben, ist das Ihre private Angelegenheit. Ob die Entwicklung des Bewußtseins zu mehr Positivität für Sie selbst und andere Menschen mit Ihrem religiösen Glauben vereinbar ist, sei Ihrem eigenen Urteil überlassen.

Der Vorwurf, eventuell zunächst unangenehme Erfahrungen zu »erzeugen«, trifft übrigens auf die meisten bewußtseinsverändernden Techniken zu. Ob Psycho-

analyse, Psychotherapie, NLP, Gruppentraining, »Psychodrama«, Focusing, Verhaltenstherapie, Urschreitherapie, Autogenes Training, Klientenzentrierte Gesprächstherapie: Sie alle analysieren, rühren an negative Gefühle und Erinnerungen und machen Probleme bewußt.
So richtig die Schlußfolgerung auch ist, vor Gefahren zu warnen, so gilt es umgekehrt bei einer Millionenzahl von mehr oder weniger erfolgreich Meditierenden, die Verhältnisse ins rechte Licht zu rücken:
Normalerweise werden Sie sowohl von der Mantrameditation wie auch von der Technik des Zulassens in ungewöhnlichem Maße profitieren, vorausgesetzt, Sie wenden die Regeln leichter und flexibler Meditation an, überschreiten nicht die Meditationszeiten und verlieren sich nicht in esoterischen Spekulationen. Negative Ergebnisse, wie sie die Bensheimer Studie zeigt, sind, wie es scheint, auf unbewußte Willensanspannungen, auf Erfolgszwang und fehlendes Verständnis von Gedanken- und Gefühlsprozessen und pathologische Dispositionen zurückführen.
• Fälschliche Konzentration kann Muskelverspannungen und Kopfschmerzen bewirken.
• Starkes Überziehen der Meditationszeit erzeugt, wie die Erfahrung zeigt, leicht erhöhte »Sensibilität«.
• Unregelmäßigkeit führt zu den bei jedem Üben bekannten Schwankungen, weil innere Lernprozesse nicht zur Gewohnheit werden konnten.

Begriffserläuterungen

Angenehm- und Unangenehmsein: Wesentlichste Eigenschaft des Gefühls und zentraler Begriff des EQ-Trainings. Von der Bedeutung des Gedankens bzw. Sachverhalts zu trennendes Moment (z. B. Eifersucht), das Gefühle lust- oder unlustbetont macht und damit unser Verhalten steuert und den Erfahrungen ein Wertprofil aufprägt, das aus sich selbst evident ist und nicht mehr hinterfragt werden muß.

Emotionale Intelligenz: »Die Fähigkeit, unsere eigenen Gefühle und die anderer zu erkennen, uns selbst zu motivieren und gut mit Emotionen in uns selbst und in unseren Beziehungen umzugehen« (D. Goleman). Im weiteren Sinne der intelligente Umgang mit unseren Gefühlen, Werten und Werterfahrungen, um ein Höchstmaß an positiven Lebenserfahrungen zu erreichen und negative Erfahrungen zu verringern.

Emotionales System: Die Beobachtung, daß Gefühle, Stimmungen, Emotionen und Werterfahrungen von unserem Verhalten als Ganzem bestimmt werden. So ist Leiden meist ein Ergebnis unbewußter oder nicht als negativ für das eigene Fühlen identifizierter Verhaltensweisen. Seine emotionale Intelligenz zu steigern, bedeutet auch, besser die Wirkungen von Handlungen auf das eigene emotionale System zu erkennen.

EQ-Training: (»EQ« ursprünglich für »Emotional Quality«, dann auch für »Emotionale Intelligenz« bzw. »Emotionaler Intelligenzquotient« gebraucht) ist ein neu konzipiertes mentales Training zur Verbesserung der körperlichen und seelischen Gesundheit und zur Entfaltung und Selbstverwirklichung. EQ-Training schafft im emotionalen und gedanklichen Bereich ein ungewöhnliches Maß an Erholung, Entwicklung und Verminderung von Leiden durch Bewußtmachen, Zulassen und Umlernen unerwünschter Gefühle mit den Methoden der Desensibilisierung und durch ein genaueres Verständnis unserer Werterfahrungen. EQ-Training setzt Begriffsklärungen wie »Gefühl«, »Wert« und »Sinn« und meditative Verfahren wie die Mantrameditation und das Setzen von Gedanken ein, um im Sinne der Psychologie der Emotionalen Intelligenz mehr Positivität zu erreichen und Fehlhaltungen abzubauen.

Focusing: Von dem amerikanischen Philosophen und Therapeuten Eugene T. Gendlin entwickelte Methode, sich seiner subtilen Gefühle bewußt zu werden, um Probleme zu erkennen und zu lösen. Der Ansatz des Focusing wird im EQ-Training zu vertiefter Introspektion benutzt.

Gefühl: Zentraler Begriff im EQ-Training. Die wesentlichen Eigenschaften der Gefühle sind ihr *Angenehm- und Unangenehmsein* (z. B. Lust, Schmerz). Gefühle konstituieren Werterfahrungen, die unser Verhalten steuern. Dabei können Gefühle allein stehen, wie beim Schmerz, oder Verbindungen mit Gegenständen, Situationen und erfaßten Bedeutungen (Gedanken) eingehen, wie z. B. in der Eifersucht. Gefühle als kontinuierlicher Gefühlshintergrund sind Stimmungen; starke Gefühle werden Emotionen genannt.

Kognitive Therapie: Vermag Probleme und Gewohnheiten zu beseitigen, die auf falschen oder schädlichen Ansichten und auf unbewußten Schlüssen oder unklaren Meinungen beruhen. Im EQ-Training wird der kognitive Ansatz vor allem im Hinblick auf Probleme eingesetzt, die aus einem unzulänglichen Verständnis solcher existentiell bedeutsamen Begriffe wie »Gefühl«, »Wert« und »Sinn« herrühren.

Kontingenz der Gefühle: »Kontingent« bedeutet: nicht logisch notwendig zusammengehörend, nur faktisch, tatsächlich. Beispiel: Drei untereinander verbundene Gerade gehören logisch notwendig zum Begriff des Dreiecks. Gefühle dagegen (ihr Angenehm- und Unangenehmsein) mögen eine je nachdem

nachvollziehbare Ursache haben oder nicht: sie sind nur faktisch da, bedingt, verursacht zwar, aber nicht logisch notwendig. Gefühle sind weder richtig noch falsch. Richtigkeit kann ihnen allenfalls im übertragenen Sinne zugeschrieben werden (vergl. *Richtigkeit der Gefühle*). Sie gehören nicht wesensmäßig zu den Objekten, mit denen sie sich verbunden zeigen. Beispiel: Ein für die meisten Menschen schöner Sonnenuntergang kann von einem anderen als angstvoll erlebt werden. Dann verbindet sich das Bild des Sonnenuntergangs mit unangenehmen Gefühlen. Dies mag unzweckmäßig und unerwünscht erscheinen oder als »unnormal« oder krankhaft verstanden werden: die Verbindung von Gefühl und Objekt bleibt trotzdem kontingent.
In diesem Sinne ist die Kontingenz ein zentraler Begriff der Emotionalen Intelligenz zum Verständnis der eigenen Werterfahrungen und Bewertungen. Die Kontingenz der Gefühle begründet die Relativität unserer Werte, weil Werte (außer Werten als Mittel zu Gefühlswerten) durch die »Brille der Gefühle« erfaßt werden. Ohne ein ausreichendes Verständnis der Kontingenz lassen sich Toleranz, Pluralismus und Liberalität nicht plausibel begründen.

Konzentration: In vielen mentalen Techniken dominiert die Konzentration (z. B. Autogenes Training, Progressive Muskelentspannung, Yoga, NLP). Im EQ-Training werden dagegen vorwiegend mentale Techniken eingesetzt, die auf Zulassen und Leichtigkeit beruhen. Die Steuerung der Aufmerksamkeit ist zwar zielgerichtet wie in der Konzentration, kehrt jedoch bei Ablenkungen zwanglos zu ihrem Objekt zurück. Ablenkungen werden als Symptome eines mentalen und körperlichen Lösungsprozesses verstanden.

Körperfühlen: Leitet im EQ-Training mit dem *Zulassen* die Meditation ein. Dabei wandert die Aufmerksamkeit durch den Körper und »schlüpft« gewissermaßen in ein starkes Gefühl – und hier vor allem in einen Schmerz –, um ihn »auszufühlen«, um ihn in entspannter Haltung wahrzunehmen und so einen tiefgreifenden Entspannungs- und Desensibilisierungsprozeß einzuleiten.

Lust: Ist nur eine Form innerhalb einer breiten Skala von positiven Gefühlen. Da Lust von Aristippos und Epikur bis hin zu Sigmund Freud fälschlich als das bestimmende Moment des Gefühls angesehen wurde, versperrte diese zu enge Begriffsbestimmung den Blick auf die tatsächliche Konstituierung der Werte und Unwerte durch positive und negative Gefühle.

Mantra: Bedeutungsloser Wortklang als Meditationsobjekt. Das Mantra dient als Katalysator und wirkt einerseits durch seine Klangeigenschaften und andererseits durch seine Fähigkeit, die Aufmerksamkeit in die eigene Mitte zu bringen. Im EQ-Training wird das Mantra nicht religiös oder mystisch aufgefaßt wie im Yoga oder Hinduismus, sondern rein mechanisch, psychologisch.

Mantrameditation: Aus dem Yoga stammende Meditationstechnik. Im EQ-Training wird Mantrameditation in nicht-religiöser, nicht-mystischer Weise eingesetzt, um tiefe Entspannung und Erholung und eine Bewußtseinsebene der ruhevollen Selbstzentrierung zu erreichen, auf der sich positive Veränderungen erreichen lassen.

Mentales Hauptprinzip: EQ-Training geht von der – nur durch systematische Introspektion zugänglichen – Erkenntnis aus, daß unsere Werterfahrungen letztlich auf Gefühlen beruhen und daß das zentrale, bewußte oder unbewußte Steuerungsmoment unseres Verhaltens das positive oder negative Gefühlsmoment ist. Verhalten wird zwar auch durch gefühlsfreie Einsichten veranlaßt, doch kann es sich dabei – soweit es um logisch nachvollziehbare Motivationen geht – immer nur um Werte als Mittel handeln, deren Wertvollsein selbst wieder von durch Gefühlen konstituierten Werten begründet wird. Die Erkenntnis des mentalen Hauptprinzips ermöglicht einen intelligenteren Umgang mit unseren Gefühlen.

Nonverbales, unanschauliches Denken: Viele Gedanken sind nicht eigentlich unbewußt, sondern unsprachlich. In der Introspektion und Meditation des EQ-Trainings wird dieser weitreichende und entscheidende Gedankenbereich bewußter gemacht. Auf diese Weise lassen sich leichter innere Veränderungen bewirken.

Psychologie der Emotionalen Intelligenz: Eine, vor allem von Daniel Goleman initiierte, Richtung der modernen Psychologie, die Wichtigkeit der emotionalen Lebensqualität und des emotionalen Intelligenzquotienten (»EQ«) zu betonen. Sie lieferte wichtige Grundüberlegungen, war jedoch bisher wenig erfolgreich in der Definition ihrer Grundbegriffe wie »Gefühl« und »Wert« und der praktischen Umsetzung ihrer Thesen. EQ-Training versucht diesem Mangel abzuhelfen.

Richtigkeit der Gefühle: Gefühle haben je nachdem erkennbare oder nicht erkennbare Gründe, sind aber für sich gesehen als bloße Zuordnungen zu Objekten weder richtig noch falsch, sondern kontingent (vergl. *Kontingenz der Gefühle*) und ansonsten vor allem angenehm oder unangenehm. »Richtigkeit« kann – im übertragenen Sinne – lediglich darin gesehen werden, daß Gefühle dem Weiterleben zuarbeiten, wenn sie positive Erfahrungen vermehren und negative Erfahrungen vermindern. Beispiel: Der Schmerz, wenn wir einen Muskel belasten, ist insofern »richtig«, bzw. zweckmäßig, als er uns signalisiert, daß wir unseren Körper schädigen.

Selbstzentrierung: Wenn sich die Aufmerksamkeit bei ruhevoller, entspannter Wachheit in der eigenen Mitte befindet, kann sich der Körper besonders leicht entspannen und erholen. In diesem Zustand lassen sich leichter Veränderungen bewirken. Eine besonders geeignete Methode, Selbstzentrierung zu erlangen, ist die Mantrameditation.

Transzendentale Meditation (TM): Von dem indischen Hindu-Mönch Maharishi Mahesh Yogi im Westen eingeführte Methode der Mantrameditation, die sich von der klassischen Mantrameditation des Yoga vor allem dadurch unterscheidet, daß sie auf Leichtigkeit und Konzentrationslosigkeit beruht. TM kann weltanschaulich neutral eingesetzt werden, z. B. zur Reduktion von hohem Blutdruck. In der Praxis ist TM jedoch vielfach durch den religiösen Hintergrund des Yoga und der vedischen Philosophie Indiens bestimmt.

Verfeinerung: Typische Erfahrung der Introspektion und Meditation, daß auf feineren Ebenen des Bewußtseins mehr Entspannung und Erkenntnis, Streßabbau und andere positive Veränderungen möglich sind.

Verhaltenstherapie: Ist als eine der wesentlichen therapeutischen Richtungen der Gegenwart in der Lage, emotionale Fehleinstellungen wie zum Beispiel Phobien und Ängstlichkeit zu korrigieren, in dem der Übende Schritt für Schritt in entspannter Haltung an seine negativen Gefühle gewöhnt wird (Desensibilisierung). EQ-Training nutzt diesen Mechanismus, um innere Freiheit auch gegenüber nicht unbedingt als krankhaft eingestuften negativen Gefühlen zu erreichen.

Wert: Positive Bewußtseinsveränderung wird nach der Grundannahme des EQ-Trainings begünstigt, wenn unsere Werterfahrungen in allgemeiner Weise angemessen verstanden werden. Voraussetzung dafür ist die Erkenntnis, daß Gefühle unseren Erfahrungen ein Wertprofil aufprägen. Ist das *Angenehm- und Unangenehmsein* (siehe dort) der Gefühle als Wertauszeichnung erkannt, können durch die mentalen Techniken des EQ-Trainings wie *Zulassen* und Gedankeninstallation leichter positive Veränderungen eingeleitet werden.

Zulassen: Zentraler Begriff in der Mantrameditation des EQ-Trainings. Zulassen löst Spannungen und ermöglicht Neuorientierung und innere Freiheit.

Anmerkungen

[1] Wenn Sie allerdings in erheblichem Maße psychisch krank sind, eignet sich praktisch keine stark wirkende Technik zur Selbstbehandlung, und es bedarf immer der Hilfe eines erfahrenen Lehrers oder Therapeuten. Dabei ist das Problem nicht die Wirksamkeit der Methode, sondern Sie könnten durch unbewußte Fehlsteuerungen, falsche Interpretationen oder angstbesetzte Erlebnisse in eine Krise geraten, die Sie emotional überfordert.

[2] Der Begriff der »Emotionalen Intelligenz« hat dank der Arbeiten des amerikanischen Psychologen Daniel Goleman einen beispiellosen Siegeszug angetreten. Vergl. dazu Kapitel 2, »Was ist ›Emotionale Intelligenz‹?«

[3] Daniel Goleman: EQ 2. Der Erfolgsquotient, München1999, S. 387.

[4] Daniel Goleman: Emotionale Intelligenz, München 1996.

[5] Nicht mehr weiter fragen zu müssen, heißt natürlich im Hinblick auf genau das Moment, um das es geht – das Wertvollsein. Im Prinzip kann man immer noch beliebige weitere, andere Fragen stellen.

[6] »Es ist einfach das Programm des Lustprinzips, das den Lebenszweck setzt… an seiner Zweckdienlichkeit kann kein Zweifel sein, und doch ist sein Programm im Hader mit der ganzen Welt…« Aus: S. Freud: Das Unbehagen in der Kultur, Frankfurt 1969.

[7] Zitiert nach: Nancy Cooke de Herrera: Die Weisen, Grafing 1995, S. 98.

[8] Eugene T. Gendlin: Focusing, Salzburg 1981.

[9] Die Betonung von Shiring liegt auf der zweiten Silbe.

[10] Diese Mantras werden auch in der Transzendentalen Meditation (TM) verwendet. Weitere Mantras der TM: Shirim, Hiring, Hirim, Kirim, Shyama, Aim, Aima, Enga, Em, Ina, Shama.

[11] Quelle: Deutsche MERU-Gesellschaft, Bissendorf.
[12] Wilhelm Hehlmann: Geschichte der Psychologie, Stuttgart 1963, S. 277.
[13] Goleman: Emotionale Intelligenz, München 1996, S. 68.
[14] Hedonismus: Auf den griechischen Philosophen Aristippos zurückgehende Lehre, wonach der Lebenssinn in der Lust gesehen wird.
[15] Alkohol als Genußmittel etwa zielt eindeutig auf eine Veränderung unserer Gefühlslage ab, auch wenn wir uns dessen nicht unbedingt bewußt sein müssen und den Wert des Alkohols als Mittel, um positive Gefühle zu erzeugen und negative Gefühle zu vermindern, gern mit weniger direkten Bezeichnungen wie »Geschmack« oder »Geselligkeit« zu verschleiern pflegen. Auch Musik ist ein Mittel der Gefühlsveränderung.
[16] Günther Scheich: Positives Denken macht krank, München 1997, S. 12.
[17] Zum Beispiel »Freundlichkeit«, »Mitgefühl«, »Glück«, »Stärke eines Elefanten«, »Inneres Licht«, »Leichtigkeit einer Baumwollflocke«.
[18] Lutz von Rosenstiel in Focus 11/1998, S. 212.
[19] Maharishi Mahesh Yogi, zitiert nach: Nancy Cooke de Herrera: Die Weisen, Grafing 1995.
[20] Peter Schmidt: Montag oder Die Reise nach innen, München 1998.
[21] Zum Begriff des »Ausfühlens« vergl. u. a. Kapitel 19, »Regeln der Mantrameditation«.
[22] Wie z. B. Kopfschmerzen oder körperliche Probleme ohne mentale Ursachen.
[23] Allgemeingültiger Wert ist nur das positive Gefühl, bzw. die Abwesenheit von negativen Gefühlen.
[24] Wir sehen hier, daß die therapeutischen Ansätze in ihrer Gesamtheit wirksamer sind als einzelne Komponenten.
[25] Vergl. dazu: Robert E. Ornstein: Die Psychologie des Bewußtseins, Köln 1974, S. 153 f.; Patricia Carrington: Das große Buch der Meditation, München 1995, S. 97; Claudio Naranjo, Robert E. Ornstein: Psychologie der Meditation, Frankfurt 1976; L. Schwäbisch/M. Siems: Selbstentfaltung durch Meditation, Reinbek 1976 – aber auch die Bensheimer Studie: Differentielle Wirkungen ..., die zu negativen Ergebnissen gelangt.

[26] Differentielle Wirkungen der Praxis der Transzendentalen Meditation (TM). Eine empirische Analyse pathogener Strukturen als Hilfe für die Beratung, Bensheim 1980, S. 143.
[27] Aus: STIFTUNG WARENTEST, »Handbuch Die Andere Medizin«, Berlin 1996, S. 179.
Im »Handbuch Herz und Kreislauf«, Berlin 1996 heißt es dagegen: »Es gibt verschiedene Formen der Meditation, am bekanntesten und besten untersucht ist die Transzendentale Meditation (TM)« (...) »Ratsam sind zwei Meditationen täglich (morgens und abends) von je 20 Minuten Dauer.« – Diese positivere Einschätzung beruht vermutlich auch auf der Erkenntnis, daß sich mit nicht-konzentrativen Mantrameditationen wie der TM der Blutdruck genauso effektiv senken läßt wie mit Betablockern:
»Meditieren kann bei Herzkranken besonders entspannend wirken. Es senkt den Blutdruck und baut Streß ab. Im November 1995 veröffentlichte das Journal der Vereinigung der amerikanischen Herzspezialisten (American Heart Association), Hypertension, eine Studie, wonach Transzendentale Meditation (TM) einen siebenmal stärkeren blutdrucksenkenden Effekt hat als eine Ernährungsumstellung oder ein Muskelentspannungstraining.« (a. a. O. S. 97)
[28] »Weltweit über 500 Untersuchungen an 215 Universitäten und Forschungsinstituten in 27 Ländern.« Quelle: Deutsche MERU-Gesellschaft, Bissendorf.
[29] Vergl. dazu: Herbert Benson: Heilung durch Glauben, München 1997.
[30] A. Anastasi in: Lexikon der Psychologie. Hrsg. von W. Arnold, H. Eysenck, R. Meili, Freiburg 1977, Band I/1, S. 378.

Literatur

(zitierte und weiterführende Texte)

Anastasi, A. in: Lexikon der Psychologie. Hrsg. von W. Arnold, H. Eysenck, R. Meili, Freiburg 1977, Band I/1

Benson, Herbert: Heilung durch Glauben, München 1997

Bloomfield, Cain, Jaffe, Kory: TM Transzendentale Meditation, Lebenskraft aus neuen Quellen, Düsseldorf 1976

Carrington, Patricia: Das große Buch der Meditation, München 1995

Cooke de Herrera, Nancy: Die Weisen, Grafing 1995

Differentielle Wirkungen der Praxis der Transzendentalen Meditation (TM). Eine empirische Analyse pathogener Strukturen als Hilfe für die Beratung, Bensheim 1980

Ellis, Albert: Training der Gefühle, Landsberg 1996

Forschungsberichte TM: Deutsche MERU-Gesellschaft, Bissendorf

Frankl, Victor E.: Ärztliche Seelsorge, München 1975

Freud, Sigmund: Das Unbehagen in der Kultur, Frankfurt 1969

Gendlin, Eugene T. : Focusing, Salzburg 1981; überarb. Neuausgabe: Reinbek 1999

Goleman, Daniel: Emotionale Intelligenz, München 1996

–: EQ 2. Der Erfolgsquotient, München 1999

–: Wege zur Meditation, München 1988

Hehlmann, Wilhelm: Geschichte der Psychologie, Stuttgart 1963

Hoffmann, Bernt: Handbuch des autogenen Trainings, München 1977

Kraft, Victor: Die Grundlagen einer wissenschaftlichen Wertlehre, Wien 1951

Langen, Dietrich: Autogenes Training, München 1994

Margraf, Jürgen: Lehrbuch der Verhaltenstherapie, Berlin 1996

Maslow, Abraham H.: Psychologie des Seins, München 1973

Naranjo, Claudio/Ornstein, Robert E.: Psychologie der Meditation, Frankfurt 1976

Ornstein, Robert E.: Die Psychologie des Bewußtseins, Köln 1974

Scheich, Günther: Positives Denken macht krank, München 1997

Scheler, Max: Der Formalismus in der Ethik und die materiale Wertethik, Bern 1966

Schmidt, Peter: Montag oder Die Reise nach innen, München 1998.

Schwäbisch, L., M. Siems: Selbstentfaltung durch Meditation, Reinbek 1976

Stemme, Fritz: Die Entdeckung der Emotionalen Intelligenz, München 1997

STIFTUNG WARENTEST, »Handbuch Die Andere Medizin«, Berlin 1996

STIFTUNG WARENTEST, »Handbuch Herz und Kreislauf«, Berlin 1996

White, John: Alles über Transzendentale Meditation, München 1976

Wolpe, Josef: Praxis der Verhaltenstherapie, Bern 1972

Personenregister

200 Seiten, ISBN 3-7766-2112-5

Josef Kirschner

Die Egoisten-Bibel

Die Formel für Glück und Erfolg

Kirschner zieht das Resümee seiner Lebenserfahrung und gibt griffige Antworten auf die wirklich wichtigen Lebensfragen: Dreißig Fähigkeiten, die unser Leben bestimmen. Neun Techniken, unsere Persönlichkeit zu stärken. Drei Übungen, sich zu verwirklichen. Vier Künste, unserem Leben einen Sinn zu geben.

Herbig